FAKHRA YOUNAS
MIT ELENA DONI

Das ausgelöschte Gesicht

Buch

Fakhra Younas Mutter, eine überaus elegante Frau, verdient ihren Lebensunterhalt als erfolgreiche Tänzerin. Fakhra und ihre Geschwister besuchen keine Schule, leben an wechselnden Orten, es fehlt ihnen aber zunächst an nichts. Erst als die Mutter drogenabhängig wird, ist die Familie ständig von Armut bedroht. So versucht Fakhra, die zu einem sehr schönen Mädchen heranwächst, selbst durch Tanzen ein paar Rupien dazuzuverdienen. Und nach einigen Jahren ist auch sie eine gefragte Tänzerin, von Männern umschwärmt und begehrt. Als sie Bilal, ihrer großen Liebe begegnet, ändert sich ihr Leben grundlegend. Für den Sohn eines schwerreichen und mächtigen Politikers in Pakistan kommt die Ehe mit einer Tänzerin nicht in Frage. Doch Bilal setzt sich gegen seine Familie durch und heiratet Fakhra. Anstatt des ersehnten Glücks findet Fakhra in der Ehe mit Bilal allerdings die Hölle. Heimgesucht von krankhafter Eifersucht ist er immer wieder äußerst gewalttätig gegen seine Frau und den kleinen Sohn. Als Fakhra sich deshalb nach Jahren der Qual entschließt, die Scheidung einzureichen, ahnt sie nicht, zu welch grauenhafter Tat ihr einst so liebenswürdiger Mann fähig ist: Er schüttet ihr Säure ins Gesicht, die ihr binnen Sekunden die Nase, ein Auge, ein Ohr und Teile des Halses wegätzt. Nur der selbstlose Einsatz ihrer Schwiegermutter rettet ihr das Leben: Sie bringt Fakhra nach Italien, wo die Ärzte in einer Unzahl von schmerzhaften Operation versuchen, ihr ein menschenwürdiges Gesicht zurückzugeben. Und Fakhra nimmt alle Qualen tapfer auf sich, um für sich und ihren Sohn ein neues Leben aufzubauen. Mit ihrem Buch erhebt sie ihre Stimme für Tausende von Frauen, die ein ähnliches Schicksal erlitten haben, um die Weltöffentlichkeit auf ein entsetzliches »Ehrverbrechen« hinzuweisen, das Säureattentat, das in den letzten Jahren in muslimischen Ländern erschreckende Ausmaße angenommen hat.

Autorinnen

Fakhra Younas, geboren und aufgewachsen in Pakistan, war Opfer eines Säureattentats. Vollkommen entstellt kam sie nach Italien, wo sie mit bewundernswürdigem Überlebensmut für ein neues Gesicht kämpft.
Elena Doni ist in Italien eine bekannte Journalistin und Autorin mehrerer Sachbücher u.a. zur Situation unterdrückter Frauen in der Welt.

Fakhra Younas
Mit Elena Doni

Das ausgelöschte Gesicht

Die wahre Geschichte
einer Frau aus Pakistan

Nachwort von
Tehmina Durrani

Aus dem Italienischen
von Sabine Schulz

blanvalet

Die italienische Originalausgabe erschien 2005 unter dem Titel
»Il Volto Cancellato« bei Mondadori, Mailand.

2. Auflage
Taschenbuchausgabe November 2008 bei Blanvalet,
einem Unternehmen der Verlagsgruppe
Random House GmbH, München.

Umschlaggestaltung: HildenDesign München
Umschlagfoto: © privat
LW · Herstellung: HN
Satz: Buch-Werkstatt GmbH, Bad Aibling
Druck und Einband: GGP Media GmbH, Pößneck
Printed in Germany
ISBN: 3-442-36697-2

www.blanvalet.de

Die Darstellung der Ereignisse aus der Ich-Perspektive
stammt von Fakhra und wurde von ihr autorisiert.
Die kursiv gesetzten Abschnitte stammen von Elena Doni.

Vorwort

Dieses Buch verdankt seine Entstehung der Erklärung einer jungen Analphabetin: »Ich möchte meine Lebensgeschichte schreiben«, verkündete Fakhra eines Tages. Und sie fügte hinzu: »Meine Geschichte kann anderen jungen Frauen helfen, die dasselbe durchgemacht haben wie ich.«

Ich habe eingewilligt, Fakhras Erinnerungen in eine italienische Fassung zu bringen, weil ich es als solidarische Verpflichtung empfinde. Ich tue es aus Solidarität mit Fakhra, die die schmerzhaften Etappen der Rekonstruktion ihres Gesichtes und anderer Körperpartien durchleiden muss, und aus Solidarität mit Tausenden von Frauen, denen eines Tages ein Mann das Gesicht mit Säure zu zerstören beschloss und die von ihren Familien – die allzu oft in jener abgrundtiefen Armut gefangen sind, in der jedes menschliche Mitgefühl erstorben ist – im Stich gelassen werden, denn entstellt, wie sie sind, wären sie bloß ein weiteres Maul, das es zu stopfen gilt. In Pakistan, Bangladesch und Indien, wo diese grauenhafte Spielart der Gewalt sich immer mehr verbreitet, nennt man diese Frauen die »Aussätzigen von heute«.

Und ich tue es aus Solidarität gegenüber all den Leuten, die in Italien, Pakistan und anderswo diese Frauen pflegen, sie zurück ins bürgerliche Leben führen und dafür kämpfen, dass Säureanschläge auf das Strengste bestraft werden.

Und so fingen wir an, Fakhras Lebensweg noch einmal nachzuvollziehen: Sie sprach zwei oder drei Stunden in ihrem tastenden Italienisch (sie versteht zwar Englisch, spricht es jedoch nicht), während ich aufnahm, nachhakte, mitschrieb. Und nur allzu bald fühlte ich mich mitgerissen vom ewig neuen Wunder des Erzählens, jenem Spiel, das nach der Legende Scheherazade das Leben rettete – Scheherazade, jener Symbolfigur für die weibliche Klugheit, die über die Gewalttätigkeit der Männer triumphiert –, jenes Spiel, bei dem der ungeduldige Zuhörer immer wieder fragt: »Und dann, was geschah dann?« Fakhra erzählt auf knappe, archaische Weise: »Dann ging er weg und sagte … sie hatte große Angst und verstummte«, und zeigt dabei eine im Westen in Vergessenheit geratene Scham, wenn es darum geht, Momente der Intimität zu beschreiben (sie gebraucht zum Beispiel immer die Wendung »Sex haben«, obwohl sie die derberen italienischen Synonyme sehr wohl kennt,) oder die furchtbaren Augenblicke jener Episode, die sie »Unfall« nennt.

Fakhra ist, um genau zu sein, eigentlich keine Analphabetin, sondern lernt gerade schreiben: Zwischen ihren jeweiligen Krankenhausaufenthalten besucht sie Italienischkurse für Ausländer. Sie buchstabiert mühsam und schreibt bislang in Druckschrift: und zwar in Italienisch, der Sprache, die sie 2001 zu lernen begonnen hat, als sie in Rom eintraf: ohne Nase, ein Auge und ein Ohr weggeätzt, der Hals durch das Narbengewebe so steif, dass sie den Kopf nicht mehr heben konnte.

Bevor sie den Sohn eines schwerreichen Politikers heiratete, war Fakhra eine berühmte Tänzerin gewesen. Ein Wort, das die Pakistani mit einem vielsagenden Heben der Augenbrauen aussprechen und das sich vielleicht mit dem vor hundert Jahren gebräuchlichen Ausdruck »*fille de joie*« oder »Freudenmädchen« übersetzen ließe. Wie es wirklich um die »Freude« der Violetta Valéry bestellt war, schildert uns die Musik von Giuseppe Verdi und noch vor ihm der Roman von Alexandre Dumas: Das Schicksal der pakistanischen Kindertänzerinnen ist noch grausamer, weil sie nicht frei darüber entscheiden können, welcher Mann sie letztendlich nimmt. Es ist die Familie, die darüber entscheidet und den Preis aushandelt.

Wenn man Fakhras Erzählung Abschnitt für Abschnitt verfolgt, tritt jede mögliche Versuchung zu moralisieren in den Hintergrund: Man beginnt zu verstehen, wie ausweglos das Schicksal von Mädchen wie ihr ist, jenen Töchtern der Armut und des sozialen Zerfalls in einer Welt, in der die Mütter nicht wissen, wie alt ihre Kinder sind, in der viele Menschen keinen Nachnamen haben, viele Kinder ohne jegliche Schulbildung aufwachsen, bei entfernten Verwandten untergebracht werden, in verheerender Armut groß werden.

Der lange Weg von den Nächten ihrer Kindheit, die sie in den Ruinen einer Moschee mit einem Ziegelstein als Kopfkissen verbrachte, hin zu den prunkvollen Abendgesellschaften mit der berühmten Tänzerin als Attraktion des Abends; von dem Luxusleben und der bittersüßen Liebe eines rasend eifersüchtigen Ehemannes hin zu den langen Aufenthalten im Krankenhaus, hin zum steinigen Weg der Rekonstruktion von Körper und Seele, bei dem ihr Leitstern ein entzückendes Kind »mit gutem Herzen«, Nauman (»Noman« gesprochen,) ist, das die Mutter zärtlich mit einer Koseform nennt, die im Italienischen und auf Urdu gleichlautend ist, Nomanino: Das ist die Geschichte von Fakhras Leben und Wiedergeburt.

Einer Wiedergeburt, die erst möglich wurde durch den selbstlosen Einsatz von Tehmina Durrani, der Stiefmutter ihres Ehemannes, die sie von Lahore fortbrachte – und die erst in Italien ganz und gar Wirklichkeit geworden ist. Und zwar dank der öffentlichen und ehrenamtlichen Einrichtungen, die zu dieser Wiedergeburt beigetragen haben: Zu nennen wären hier Clarice Felli, die Gründerin von Smileagain, einer Organisation, die den südasiatischen Säureopfern hilft; Roms Bürgermeister Walter Veltroni, der eines Tages Fakhra bei der Hand nahm, ihr von seinem Bürofenster aus das Forum zeigte und ihr versprach, dass die Stadt Rom sie aufnehmen würde; die Abgeordnete Carla Rocchi, im Jahr 2001 Staatssekretärin im Gesundheitsministerium, und die zuständigen Beamten, die mitgeholfen haben, die komplizierte Prozedur der medizinischen Behandlung von Nicht-EU-Bürgern, denen in ihren Heimatländern nicht geholfen werden kann, in Gang zu bringen. Und Dank auch für die Herzlichkeit und die Zuneigung der vielen Menschen, denen Fakhra auf ihrem langen Leidensweg in Italien begegnet ist.

Erster Teil

An jenem Morgen

Es war unerträglich heiß an jenem Morgen in Karachi. Auf einmal fühlte ich eine Hitze, wie ich sie noch nie erlebt hatte. Und ich sah nichts mehr, ich konnte die Augen nicht mehr öffnen, sie waren fürchterlich geschwollen.

Irgendwann merkte ich, dass mir die Kleider vom Körper gefallen waren und ich nackt war: Als mein Mann eingetreten war, war ich doch angezogen gewesen, und jetzt hatte ich nichts mehr am Leibe. Ich schrie und rief um Hilfe, während ich die Treppe hinauflief, um jemand von den anderen zu rufen. Ich merkte, dass mir jemand ein Tuch übergeworfen hatte, an der Stimme hörte ich, dass es ein Kind war. Da verstand ich, dass etwas Schreckliches passiert war, aber was ich nicht wusste: Es war Säure, die meine Kleider aufgelöst hatte und mir jetzt das Gesicht, die Brust, die Arme zerfraß.

An jenem Morgen war Bilal, mein Ehemann, in Schwarz gekleidet und in Begleitung dreier Bodyguards, in mein altes Haus gekommen, in dem ich wieder wohnte, seitdem ich beschlossen hatte, mich scheiden zu lassen. Ich war gerade erst aufgewacht und lag ausgestreckt auf dem Bett. Er hatte sich mir genähert, hatte meinen Kopf gepackt und ihn fest nach hinten gehalten: Ich dachte, er wollte mir etwas zu trinken geben, aber er schüttete mir Wasser über das Gesicht. Oder jedenfalls glaubte ich zuerst, es wäre Wasser, weil es erst nicht wehtat. Ich dachte nicht an Säure, zwar hatte ich ein paarmal gerüchteweise von Frauen gehört, die mit Säure übergossen oder mit Kerosin angezündet worden waren (das wir zum Kochen verwenden): Dabei gibt es in meinem Land so viele von ihnen, Tausende, man weiß gar nicht, wie viele, weil die Familien sich schämen, davon zu berichten, und die Frauen sich schämen, nach draußen zu gehen und im Verborgenen leben oder als Bettlerinnen auf der Straße landen.

Ich hörte ganz deutlich, wie einer der Männer in seiner Begleitung fragte: »Sollen wir sie töten?«, und Bilals Antwort: »So ist es genug.« Ich weiß nicht, warum sie mein Leben geschont haben. Oft denke ich, dass sie es nur deshalb taten, um mich noch mehr zu bestrafen.

Ich bekam Angst, als meine Augen so stark zuschwollen, dass ich sie nicht mehr aufbekam. Aber ich war weit davon entfernt zu begreifen, was mir zugestoßen war. Mein einziger Gedanke war, wie heiß es doch war. Es war an jenem Morgen unerträglich heiß in Karachi. Oder vielleicht war es im Auto, das die ganze Zeit in der Sonne gestanden hatte, auch besonders heiß: Ich hielt diese Hitze nicht mehr aus. Meine Schwester weinte, ich nahm ihre Hand und fragte: »Warum weinst du?« Kiran war damals achtzehn Jahre alt, zwei Jahre jünger als ich, und war gerade schwanger mit ihrem ersten Sohn. Sie ist ein Engel: Sie hat einen starken Charakter, aber ein gutes Herz. Sie war wie eine Mutter für mich, solange ich im Krankenhaus lag.

Von jenem ersten Tag habe ich nur Erinnerungsbruchstücke, wie Standbilder aus einem Film, durcheinandergewirbelte, vernebelte Bildfetzen. Vielleicht deshalb, weil sie mir sofort eine Spritze gegeben haben, als sie mich auf die Bahre gelegt hatten, und ich schlief ein bisschen, und als ich wieder aufwachte, waren viele Leute um mich herum, viele Freunde, und alle sagten mir: »Bleib stark, du hältst durch.« Ich konnte nichts sehen, ich hörte nur ihre Stimmen, meine Mutter war auch da, sie weinte, küsste mich und sagte: »Bleib stark.« Warum denn? Ich wollte nur wieder gehen und ein neues Leben anfangen, jetzt, wo ich von Bilal losgekommen war. Dann wurde mir auf einmal sehr kalt, ich zitterte, auch meine Zunge war stark geschwollen, ich konnte nicht mehr sprechen, ich hatte sehr hohes Fieber.

Ich wusste nicht, wie viel Zeit vergangen war, ich hatte kein Zeitgefühl mehr. Ich weiß jetzt, dass ich drei Monate auf der sterilen Station lag, aber mir kam es vor wie eine Woche. Die Schmerzen waren fürchterlich, sie verschwanden nur, wenn sie mir eine Spritze in die Vene gaben, die sie »King« nannten. Manchmal hintergingen sie mich auch und taten nur so, als würden sie mir eine King geben, und ich brüllte und heulte und nannte sie Lügner.

Als ich schon eine gewisse Zeit im sterilen Raum lag, bemerkte ich allmählich einen grässlichen Gestank. Es war mein eigenes Fleisch, das da verweste. Das begriff ich aber erst, als eines Tages der Doktor kam und sagte, ich solle duschen. Wieso duschen, dachte ich. Es geht mir so schlecht, ich habe Fieber, ich kann mich nicht auf den Beinen halten. Aber der Arzt meinte das als Befehl und ließ mir von den Krankenschwestern helfen: Und unter dem fließenden Wasser spürte ich die Fetzen meines faulenden

Fleisches vom Körper fallen. Erst da begriff ich endgültig, was mir zugestoßen war.

Im sterilen Raum gab es auch noch andere Verbrennungsopfer. Eines Tages trafen sehr viele ein: Es hatte einen Unfall gegeben, und ein Auto hatte Feuer gefangen. Mehrere Mitglieder einer Familie wurden eingeliefert, darunter ein zwölfjähriges Mädchen, das immer nach seiner Mutter fragte, die aber leider schon tot war. Ich sagte zu meinem Bruder, der mich oft besuchen kam: »*Tina* (ein Kosename), geh zu dem Mädchen, sag ihr, dass ihre Mama im unteren Stockwerk liegt, nimm ihre Hand und streichle sie ein bisschen.« Und er tat es und machte Späße mit dem Mädchen und brachte sie zum Lachen, denn er war ein lieber Junge. Ich sage er *war*, weil Tanvir nicht mehr da ist, er ist letztes Jahr an einer Überdosis gestorben. Es gibt viel zu viele Drogen in Pakistan. Du fragst danach, und sie geben dir was, oder nein, sie bringen dir das Zeug an die Haustür.

Dieser sterile Raum war traurig, weil sie alle starben, und morgens sagten die Schwestern immer: »Den muss man auch wegschaffen.« Einen nach dem anderen schafften sie sie alle fort, auch das Mädchen.

Die Ärzte waren überzeugt, dass auch ich irgendwann »wegzuschaffen« sein würde. Sie dachten, ich würde noch zwei oder drei Tage leben, mehr nicht, weil die Säure auch auf meine Brust geflossen war, und wenn sie bis in die Atemwege dringt, erstickt man. Also sagten die Ärzte zu meiner Mutter, sie sollte Nauman, meinen Sohn, mitbringen, damit er sich von mir verabschieden konnte. Als er mich sah, sagte er gar nichts, er weinte nicht, aber als er hinausging, flüsterte er seiner Großmutter ins Ohr: »Die ist nicht meine Mutter.« Danach ließen sie ihn immer draußen im Korridor, und ich sprach mit ihm durch ein Fensterchen und hatte ihm den Rücken zugewandt, damit er mein mit Verbänden bedecktes Gesicht nicht sah.

Am ersten Tag war es so, als wäre ich da und gleichzeitig doch nicht. Ich hörte alles, was die anderen sagten, aber ich konnte fast nicht sprechen und mich kaum bewegen. Ich habe noch nicht einmal gemerkt, dass ich eine spontane Fehlgeburt hatte, das haben sie mir hinterher erzählt. Den Schmerz, den habe ich gespürt. Als ob man mich durch den Fleischwolf drehen würde. Ein Schmerz, der sich unmöglich beschreiben lässt: Es war, als sei ich verrückt geworden, ich beschimpfte alle fürchterlich, und es war mir alles völlig egal, die guten Menschen, die ins Krankenhaus kamen, um sich zu erkundigen, wie es mir ging, und auch die Blumen, die mir Bilal andauernd schickte. Hinterher haben sie mir erzählt, dass meine Cousine Nazia, die häufig zu Besuch kam, um meine Hand zu halten und mich zu trösten, draußen auf dem Flur in Tränen ausbrach und schrie: »Gott, lass Fakhra sterben.«

Aber die Ärzte sagten: »Fakhra ringt mit dem Tod«, und wunderten sich, dass ich immer weiter lebte. Daraufhin sagten sie, dass ich offensichtlich ein sehr starkes Mädchen war. Vor dem Unfall jedoch galt ich als zart, ich fühlte mich oft geschwächt und fürchtete mich vor allem. Ich weiß nicht, was mich hat überleben lassen, ich glaube, es war irgendeine Zauberkraft. Auch deshalb, weil ich manchmal selbst sterben wollte.

Das Atmen war für mich schrecklich anstrengend,

weil ich keine Nase und auch keine Lippen mehr hatte, ich konnte nichts herunterschlucken und hatte überall Schmerzen. Eines Tages sagte ich einem Doktor, dass ich sterben wollte. Er gab mir zur Antwort: »Wenn du nicht schwimmen kannst, hast du Angst vor dem Wasser und glaubst nicht daran, dass du oben bleiben kannst. Aber wenn du ins Meer gehst, merkst du, dass es geht, du bewegst Beine und Arme und siehst, dass du nicht untergehst.«

Er hatte Recht: Ich bin nicht untergegangen. Ich fing an, mich mit kleinen Dingen zu beschäftigen: Ich bat meine Schwester Kiran, ein wenig Parfüm auf die Laken zu sprühen, weil mein eigener Geruch mir Ekel bereitete, ich bat sie, ein paar Blumen ans Bett zu stellen, ich wollte mich immerzu waschen, im Gegensatz zu den anderen Kranken, die Angst vor Mineralwasser hatten. Im Civil Hospital in Karachi gibt es nämlich kein Wasser, man muss es in verkorkten Flaschen kaufen – und es ist teuer und brennt in den offenen Wunden – oder bei den Wasserverkäufern, die es in Schläuchen aus Ziegenleder verkaufen, aber dieses Wasser ist voller weißer Tierchen, und es ist nicht gut, wenn man es auf Wunden gibt.

Jetzt will ich für meinen Sohn leben, der gut und stark ist. Und ich will mein Leben erzählen, ich will die ganze Wahrheit sagen, auch die schlechten Dinge, die ich getan habe oder tun wollte: Nauman wird es verstehen. Ich habe zu viel gelogen und man hat mir zu viele Lügen erzählt, zu viele Dinge habe ich verborgen und zu viele Dinge hat man vor mir verborgen. Ich wurde von Leuten betrogen, die mir helfen sollten, aber mir haben auch Leute geholfen, die mich kaum kannten. Jetzt will ich reden, weil ich glaube, dass meine Geschichte jemandem helfen kann: Den mit Säure verbrannten Frauen vor allem, und vielleicht, wer weiß, auch den vielen Unglücklichen, die in der Hölle des Civil Hospital landen.

Die Geschichte von Fakhra und Bilal ist in ganz Pakistan bekannt. Bestimmt, weil Fakhra eine berühmte Tänzerin war: Aber vielleicht mehr noch aufgrund der gesellschaftlichen Position Bilals, einem ehemaligen Parlamentsabgeordneten des Punjab (einer der vier Provinzen, in die Pakistan unterteilt ist) und vor allem Sohn des ehemaligen Gouverneurs, dem Löwen von Punjab, Ghulam Mustafa Khar, einem der großen Grundbesitzer des Landes. In Pakistan nennt man sie gemeinhin feudal lords, *Feudalherren. Das sind einige wenige unermesslich reiche und unermesslich mächtige Männer, die auf ihren Ländereien durch ein aus fünf Richtern bestehendes Tribunal, das so genannte* panchet, *auch die Gerichtsbarkeit ausüben. Abgesehen von ihrem immensen Reichtum beruht ihre Macht auch darauf, dass sie in großer Zahl die politischen Strukturen des Landes besetzt halten.*

Ich habe Bilal sehr geliebt, und er hat mich sehr geliebt. Als er seinem Vater sagte, dass er mich, eine Tänzerin, heiraten wollte, wollte ihn sein Vater nicht mehr sehen und gab ihm kein Geld mehr. Denn in Pakistan nimmt man sich Tänzerinnen einfach, aber man heiratet sie nicht. Bilals Familie war, und ist bis zum heutigen Tag, eine reiche und mächtige Familie. Niemand aus dieser Familie war bereit, mich zu akzeptieren: Niemand außer Tehmina, die eine der Frauen von Mustafa gewesen war, dem Vater von Bilal. Sie sagte zu mir: »Für mich bist du keine Tänzerin, sondern eine Frau: Und ich schätze mich glücklich, dich in meinem Haus empfangen zu dürfen.« Tehmina hat ein großes Herz, und als Bilal noch ein Kind gewesen war und sehr traurig darüber, dass seine Mutter ihn zurückgelassen hatte, um mit dem Bruder seines Vaters durchzubrennen, hatte sie ihn wie ihren eigenen Sohn behandelt.

Vielleicht ist dieses Verlassenwerden der Grund dafür, dass Bilals Liebe zu mir etwas Krankhaftes hatte. Er war besessen von Eifersucht: Auf meine Vergangenheit, aber auch auf Nauman. Anfangs wollte er ihn nicht bei uns im Haus haben, aber dann fügte er sich widerwillig, als ich ihm sagte, dass ich ohne meinen Sohn nicht leben konnte. Er dachte, ich würde immer noch an Naumans Vater hängen, aber er irrte sich, die Sache war längst vorbei. Leider trank Bilal und wurde abends gewalttätig: Er schlug mich, danach wollte er Liebe machen, küsste mir die Füße, weinte und beschwor mich, ihn nicht zu verlassen. Wie oft ist es dazu gekommen, wie oft haben wir uns versöhnt, wie viele Tränen vergossen, neue Hoffnung gefasst, uns selbst getäuscht ... Und wie viele Male sperrte er nicht unsere Zimmertür ab, verprügelte mich, und Nauman hörte vom Nachbarzimmer alles mit an, weinte und rief um Hilfe für seine Mama.

Bis zu dem Tag, an dem ich mir sagte, es reicht: Ich hatte eben festgestellt, dass ich schwanger war, und am Vorabend hatte Bilal mich zum hundertsten Mal einer Demütigung unterzogen, deren Ablauf ich nur allzu gut kannte. Er war schon leicht angetrunken und bot mir ebenfalls ein Glas Likör an. »Nein, danke«, sagte ich. Er ließ nicht locker, aber ich lehnte ab: Da schüttete er mir den Likör ins Gesicht. »Los, tanz«, befahl er. Ich gehorchte, wie ich es auch sonst getan hatte. Und wie sonst auch stand er da, schaute mich an und knurrte verächtlich: »Du bist nichts als eine Tänzerin, du wirst dich nie ändern.« An jenem Abend verlangte er keinen Sex von mir: Er zog sich aus, ging in die Küche und warf, ich weiß nicht warum, die Pistole in den Mehlbottich, kam zurück ins Schlafzimmer und schlief auf der Stelle ein.

In jenem Augenblick traf ich meine Entscheidung: Oder vielmehr ich entdeckte, dass ich bereits einen Entschluss gefasst hatte. Ich verließ das Zimmer, schloss Bilal darin ein, schlüpfte zitternd in ein Paar Schuhe, weckte mein Kind und bat mit ihm an der Hand bei einem befreundeten Ehepaar um Hilfe, den Baloch, die nicht weit entfernt wohnten und einmal miterlebt hatten, wie mein Mann mich schlug. Sie schenkten mir tausend Rupien, mit denen ich ein Taxi nahm und zu einer Tante fuhr. Von dort aus rief ich meine Mutter und meine Schwester an, mit denen ich seit drei Monaten nicht gesprochen hatte, weil Bilal es verboten hatte, und zog wieder zu ihnen.

Ich war zwanzig Jahre alt, ich konnte noch einmal von vorne anfangen: Aber Bilals Kind wollte ich nicht haben. Außerdem hätte der Richter mir die Scheidung nicht erlaubt, wenn er erfahren hätte, dass ich schwanger war. Ich fragte Shedamaluk, die Schwiegermutter meiner Schwester, wegen einer Abtreibung um Rat. Sie versprach mir zu helfen, aber stattdessen erzählte sie alles Bilal weiter: Sie ist eine niederträchtige Lügnerin. Es ist ihre Schuld, dass Bilal den Verstand verloren hat und das getan hat, was er getan hat.

In Pakistan muss man für medizinische Behandlung bezahlen. In den *free hospitals* zahlt man zwar nicht für die Arbeit der Ärzte, aber man muss die Medikamente kaufen, und wenn du keine Antibiotika hast, kann es passieren, dass du nach einer Operation stirbst, obwohl der Chirurg gut gearbeitet hat. Meine Mutter hat unser Haus verkauft, um meine Behandlung bezahlen zu können. Als ich nach sechs Monaten aus dem Krankenhaus kam, hatten wir deshalb kein Geld mehr und mussten alle drei – Mama, Nauman und ich – bei meiner Schwester einziehen. Bilal hatte meiner Familie Geld angeboten, aber sie haben es abgelehnt, also gab es keine andere Möglichkeit, als bei Kiran zu wohnen. Als ich noch Tänzerin war, hatte ich meinem Schwager Irfàn, genannt Puli, ziemlich viel Geld gegeben, und er war sehr nett zu mir: Aber kaum dass Nauman und ich nichts anderes für ihn waren als zwei weitere Mäuler, die er zu stopfen hatte, wurde er bösartig: Oft kaufte er mir keine Medikamente, und meine Wunden entzündeten sich deshalb, er erlaubte mir nicht, Besuch zu empfangen, schlug Nauman und hielt ihm vor, wie viel ich ihn kostete. Als ob das nicht genug gewesen wäre, verlangte er immer, dass man ihm Speisen kochte, die eine besonders lange Zubereitung erforderten, und weil mein Zimmerchen direkt neben der Küche lag, füllte es sich immer mit Küchendämpfen, was meinen Wunden schadete, von denen viele noch offen waren.

Dafür bewies Mama in ihrem Verhalten eine große innere Kraft: Sie schaffte es immer, Geld auf die Seite zu legen, um mir Medikamente und alle Früchte zu kaufen, nach denen ich verlangte. Sie pflegte mich mit großer Behutsamkeit, manchmal weinte sie beim Auswaschen meiner Wunden, als würde sie die gleichen Schmerzen empfinden wie ich. Und sie verbrachte ganze Nächte damit, mich zu massieren, wenn ich sie darum bat. Auch zu ihr war Puli sehr hartherzig: Als ich eines Nachts mit Nauman nach draußen gegangen war, um ein wenig Luft zu schöpfen, fanden wir sie bei unserer Rückkehr auf der Treppe schlafend vor, weil ihr Schwiegersohn sie vor die Tür gesetzt hatte.

Ich hatte längst begriffen, dass ich gehen musste: Aber wohin? Alle Leute, die ich kannte und die auf die eine oder andere Weise Teil meines Lebens gewesen waren, hatten sich verdrückt: Ich konnte zu niemandem gehen, weil die Kinder Angst vor mir hatten.

Bilal schickte mir immer noch Blumen und Briefe und rief häufig an, um zu fragen, wie es mir geht. Eines Tages beschloss ich, mit ihm zu reden. Ich zitterte wie Espenlaub, als ich den Hörer abnahm.

»Hallo, wie geht es dir?« fragte er.

»Du unterstehst dich, mich das zu fragen?« antwortete ich.

»Ich habe alles bereut, es tut mir leid, ich möchte, dass du zu mir zurückkommst.«

»Ich schicke dir ein Foto von mir, entscheide lieber dann.«

»Ich habe dich geliebt, für mich bist du immer die Gleiche. Was hast du für Pläne?«

»In meinem Leben gibt es keine Pläne mehr.«

»Ich komme dich abholen.«

»Das kannst du nicht, die Polizei sucht dich.«

»Das ist mir egal.«

Er lieh sich das Auto eines Freundes und nahm von Lahore aus, wo er damals wohnte, ein Flugzeug nach Karachi. Er war von Kopf bis Fuß schwarz gekleidet, genau wie an dem Tag, als er mich mit Säure verätzt hatte. Er machte mir Angst, ich merkte, dass er getrunken hatte, er weinte, in meinem Herzen tobte ein Sturm. Ich beschloss zu ihm zurückzukehren, zum einen, weil ich nicht länger bei meiner Schwester bleiben konnte, aber auch, weil ich Tehmina wiedersehen wollte, die mich immer beschützt hatte, solange ich im Krankenhaus lag: Sie ist eine einflussreiche Frau in Pakistan. Und auch ein bisschen, weil ich im Grunde meines Herzens davon träumte, Bilal etwas Böses anzutun, ich wollte mich rächen. Ein Gefühl, das eines Abends verflog, als ich ins Bad ging und sah, dass da eine Flasche mit Bleichmittel stand, und etwas davon in sein Glas goss. Aber ich konnte nicht: Ich habe das Bleichmittel weggeschüttet und das Glas ausgespült.

Bilal wollte wieder Sex mit mir haben. Zuerst rauchten wir eine Menge Haschisch, und er küsste mir die Füße wie früher, aber es half nichts. Mir kam alles so falsch vor. Ich hatte mich nie im Spiegel angesehen, aber beim Berühren meines Gesichts wusste ich, wie ich aussah. Im Bett hielt ich mir ein Kissen vor den Kopf. Er war über mir und hatte Verkehr mir mir, und ich lag unter ihm und fühlte mich wie tot.

Er liebte mich, sagte er. Aber wann immer er konnte, ließ er mich sitzen. Jeden Freitag wurde er unruhig und konnte es kaum erwarten, das Wochenende woanders zu verbringen. »Ich habe einen Job zu erledigen«, sagte er mir. Und mein Schwager Puli streute Salz in meine Wunden mit seinen ewigen ironischen Anspielungen auf die »Jobs«, die Bilal samstags und sonntags zu erledigen hatte.

Wenn er wegfuhr, schaltete mein Mann das Mobiltelefon für zwei Tage aus: Einmal ließ er fünf Tage lang nichts von sich hören. Als er zurückkam und ich ihn nach dem Grund für diese Verspätung fragte, erzählte er mir, dass er einer Tänzerin aus meiner Truppe, die zwei Männer entführen wollten, das Leben gerettet hatte. »Bravo, Bilal«, sagte ich mit ruhiger Stimme zu ihm, »das hast du gut gemacht, du hast dich verhalten wie ein einfühlsamer Mann.« Es kommt vor, dass ich nicht weine, man sieht keine Tränen aus meinen Augen treten: Aber mein Herz weint.

In jener Zeit war das Leben in Karachi wirklich hart. Mustafa gab seinem Sohn, dessen Verbrechen es war, eine Tänzerin geheiratet zu haben, immer noch kein Geld. Nicht immer hatten wir genug, um uns etwas zu essen zu kaufen: und noch weniger, um meine Behandlung zu bezahlen.

Nach einiger Zeit beschloss Bilal, mich nach Lahore zu bringen. Ich erinnere mich daran, dass im Flugzeug ein kleines Kind war, das bitterlich weinte. Ich hatte mich mit einem großen weißen Schal verhüllt, aber vielleicht war er durch eine Bewegung etwas vom Gesicht gerutscht, und das Kind hatte etwas gesehen. Oder warum weinte es sonst so sehr? Wir zogen ins Hotel. Warum fuhren wir nicht nach Hause? Weil Bilal weiterhin mit seiner zweiten Frau zusammenlebte – ich war die fünfte – und nicht wollte, dass sie von meiner Anwesenheit erfuhr. Lügen, Ausflüchte, wie immer. Und wie immer fingen wir an zu streiten.

Ein weiterer Grund dafür, dass der Fall von Fakhra und Bilal so bekannt geworden ist, ist wahrscheinlich der, dass Fakhra die erste pakistanische Frau war, der es gelang, ihren »Verätzer« festnehmen zu lassen. Wie vorherzusehen war, blieb Bilal allerdings nur sehr kurz im Gefängnis: Während des Prozesses zogen alle Zeugen ihre früheren Aussagen zurück.

Aber als er noch auf freiem Fuß war, schrieb die wichtigste pakistanische Tageszeitung »Dawn« angewidert: »Haben unsere Richter etwa keine Ehefrauen, Mütter, Schwestern? Wie kann es sein, dass es in diesem Land das ewige Schicksal aller Frauen ist, wie Untermenschen behandelt zu werden? Jeglicher Grausamkeit und Demütigung unterworfen zu werden, ohne dass unsere Gesetzgeber und unsere Richter einen Finger zu ihrer Verteidigung rühren? Bilal Khar, der nie die Fakten geleugnet hat, wurde nicht lange festgehalten und läuft frei herum, frei, ein weiteres Mal Säure zu verschütten.«

Doch in Lahore begann für mich der Weg der Rettung, und diesen Weg öffnete Tehmina für mich. Eines Tages kam Nisha zu Besuch, Tehminas Tochter, die in meinem Alter ist. Sie war erschüttert, sprach mit ihrer Mutter darüber, und diese schickte sofort ein Auto vorbei, um mich abzuholen. Als sie mich erblickte, umarmte sich mich: Wir weinten und zitterten alle beide. »Du wirst sehen, alles kommt in Ordnung«, sagte sie. Am nächsten Tag bat sie mich wieder zu sich und ließ auch Bilal und dessen Vater Mustafa Khar kommen, ihren Ex-Ehemann. Sie blieben unten und redeten eine Zeit lang, während ich in meinen Schal gehüllt im oberen Stockwerk wartete. Schließlich kam Nisha mich holen und begleitete mich hinunter. Tehmina stellte mich vor Mustafa hin, riss mir den Schleier vom Gesicht und sagte: »Schau, wie dein Sohn seine Ehefrau zugerichtet hat. Was gedenkst du jetzt zu tun?«

Fakhras Kindheit

In Pakistan als Mädchen und obendrein in Armut zur Welt zu kommen, ist gleichbedeutend mit einem bereits vorgezeichneten Lebensweg: Sämtliche Möglichkeiten für eine Zukunft, die sich von dem Leben der eigenen Mutter unterscheidet, sind versperrt.

Hochzeiten zwischen Kindern sind gesetzlich verboten, aber sie sind keineswegs verschwunden; Ehen werden gewöhnlich von den Familien gestiftet, und nach der Scharia (dem islamischen Recht, das 1980 unter der Bezeichnung Hudood Ordinances eingeführt wurde, ein Geschenk von General Zia ul-Haq an die Fundamentalisten) werden Ehebrecherinnen und unverheiratete Frauen, die Geschlechtsverkehr haben, mit Steinigung bestraft. Bisher wurden Prozesse gegen Frauen, die wegen »Unzucht« unter Anklage standen (wie Safyia und Amina in Nigeria), immer im Berufungsverfahren gewonnen, weil sich fortschrittliche Anwältinnen und Anwälte für sie einsetzten: Aber Tausende von Frauen sitzen im Gefängnis, und zwar oft dafür, dass sie nach einer Vergewaltigung schwanger wurden. Im Juli 2004 brachte die Regierung einen Gesetzesvorschlag zur Überprüfung der Hudood Ordinances ein. Ein früherer Versuch von Präsident Musharraf, die islamischen Gesetze zu revidieren, war am Widerstand fundamentalistischer politischer Gruppierungen gescheitert.

In meinem Land gibt es Dinge, denen man keine besondere Wichtigkeit beimisst: Hier in Italien ist es anders, hier muss alles klar und deutlich sein. Es gibt Worte und Zahlen, die dazu verpflichten, das und nichts anderes zu sein: weiß oder schwarz, wahr oder falsch. Ich finde das gut, Unsicherheit hat mir nie gefallen: Wenn man dir zum Beispiel sagt »ja, ja, morgen« und dieses Morgen aber nie kommt. Und ich verabscheue Falschheit, aber die ist in Pakistan weit verbreitet: Nach außen hin ein freundliches Lächeln, dahinter Gift.

Die Angewohnheit, mich an die strengen Regeln der Wahrheit zu halten, habe ich in dem Moment angenommen, als ich nach Italien kam: Als ich nämlich festlegen musste, an welchem Tag ich geboren worden bin. Ich habe damals beschlossen, und es wird immer so sein, es ist in all meinen Dokumenten verzeichnet: Ich bin am 31. Mai 1979 geboren. So gebe ich heute an, dass ich fünfundzwanzig Jahre alt bin, aber es könnten ebenso gut vierundzwanzig oder sechsundzwanzig sein. Die einzige Gewissheit meines Lebens ist, dass ich im Monat Mai in Karachi geboren bin, aber meine Mutter erinnert sich weder an den genauen Tag noch an das Jahr. Ich meine, ich könnte auch ein Jahr jünger sein, als ich in meinem Pass angegeben habe, denn als meine Tante Chia mich an Hemat verkauft hat und behauptete, ich sei dreizehn Jahre alt, hatte ich noch überhaupt keine Brüste, und mein Zyklus hatte erst seit kurzer Zeit eingesetzt.

Ich war kein glückliches Kind.

Wenn ich versuche, mich an den frühesten Moment meines Lebens zu erinnern, taucht vor meinem inneren Auge ein Bild auf, das mir noch heute große Angst einflößt. Wir waren im Dorf Gujraval, im Haus fremder Leute. Ich wachte in einem Zimmer auf, in dem ein Pferd war. Nein, das war kein Stall: Es war ein Zimmer, in dem zwei Betten standen und außerdem ein Pferd, ich weiß nicht, warum. Im einen Bett lag ich, in dem anderen meine Mutter und ein Mann: Sie sprachen miteinander und machten Geräusche, die mich furchtbar erschreckten. Ich begriff später, dass sie Sex hatten. Ich verspürte Angst und Trauer, und ich hätte alles darum gegeben, dass sie aufhörten.

Meine Mutter, Munava-Sultana, war schön und obendrein gebildet. Eine Adoptivgroßmutter hatte sie studieren lassen, sie kannte sich sogar mit Philosophie aus. Sie war eine erfolgreiche Sängerin und Tänzerin, die in ganz Pakistan berühmt war. Als meine Schwester, mein Bruder und ich noch sehr klein waren, hatten wir sicherlich ein sehr bequemes Leben, weil es ein Mädchen gab, deren einzige Aufgabe es war, sich um uns zu kümmern. Vor uns dreien hatte Mama noch einen anderen Sohn, den sie dem Vater hatte abtreten müssen, der ein reicher Mann war.

Der Älteste von uns, Tanvir, genannt Tina, war der Sohn eines Mannes, den ich nie kennengelernt habe und mit dem meine Mutter keinen Kontakt mehr hatte. Ich und meine Schwester Kiran, die zwei Jahre nach mir zur Welt kam, sind die Töchter von Fateh Ali Khan, einem reichen und berühmten Sänger traditioneller Musik, der irgendwann auch in die Politik gegangen ist. Vor ein paar Jahren ist er in London gestorben. Man sagt, er war ein großartiger Mann, der immer von schönen Frauen umgeben war. Ich habe ihn nie kennengelernt, er ist uns nie besuchen gekommen. Ich empfinde großen Zorn, wenn ich an ihn denke.

Mama war Tänzerin, wie es ihre Mutter gewesen war, und außerdem Sängerin: Eine moderne Frau, die sich kleidete, wie sie wollte, mal auf westliche Art, mal in traditionellen Kleidern. Sie trug sowohl den *shelwar kamiz* (Hosen mit Tunika darüber) als auch den Sari, und sie kleidete sich gerne schwarz. Ich war immer ganz verzaubert, wenn ich ihr beim Schminken zuschaute: Mit Mascara und Kajal wurden ihre Augen riesig, und danach zog sie sich den Mund mit einem braunen Lippenstift in der Farbe ihrer Haut nach. Sie wusch sich mit Kichererbsenmehl, und Gesicht und Körper bekamen davon eine wundervolle Farbe. Für ihre Eleganz war sie so berühmt, dass häufig andere Frauen zu ihr kamen, um zu lernen, wie man geht oder wie man die Arme hält, wenn man einen Sari trägt.

Aber als ich ungefähr zehn Jahre alt war, begann meine Mutter zu rauchen, und das war der Anfang vom Ende unserer Kindheit. Denn meine Mutter rauchte Heroin: Bei uns raucht oder schnupft man das Heroin meistens, nur selten wird es gespritzt. Sie begann nur noch an den Stoff zu denken: Sie kochte nicht mehr selbst, sondern kaufte irgendetwas im Restaurant, morgens schlief sie lange. Wenn wir Kinder allzu nagenden Hunger bekamen, weckten wir sie auf und baten um etwas Geld, damit wir an einem Kiosk etwas zu essen holen konnten. Von den zwei Rupien, die sie uns gab, kauften wir Kichererbsenmehl und *nan*, eine Art weiße Pizza. Das reichte nicht, um uns satt zu machen, oft blieben wir hungrig, aber wir wussten, dass es sinnlos war, Mama um noch ein paar Rupien zu bitten, mehr würde sie uns nicht geben. Manchmal nahm sie meine Schwester Kiran und mich mit, wenn sie

Stoff kaufen ging: Die Polizei verhaftet schließlich keine Mutter mit zwei kleinen Kindern. Wir mussten laufen, laufen, laufen, oft zwei Stunden lang, eine Ewigkeit für unsere kleinen Füße.

Wir lebten inzwischen in Kasur, einer Stadt, die bekannt ist für ihre schönen Frauen, das gute Essen und den Gesang: Die Familie meiner Mutter stammte von dort. Es ist auch eine besonders bei Schwulen beliebte Stadt, die hier oft als Paare zusammenleben: Der eine übernimmt den männlichen Part und kleidet sich weiterhin wie ein Mann, der andere legt Frauenkleider an und schminkt sich sehr auffällig. In Pakistan werden Homosexuelle hoch geachtet und haben großen Einfluss. Sie benehmen sich wie alte und weise Verwandte: Oft unterstützen sie mit Geld und gutem Rat die Familien ihrer Bekannten, deshalb sind sie in den Häusern stets willkommen.

Der Ort, wo wir in Kasur wohnten, gefiel mir überhaupt nicht: Es war ein halb verfallener *haveli* mit neun Räumen, die alle leer waren bis auf einen, in dem ein kleiner Kamin war, drei Betten, vier Teller, drei Gläser, drei Töpfe, ein paar Schachteln für die Kleider, keine Stühle und kein Tisch. Wir aßen mit den Fingern, auf den Betten sitzend, und wuschen uns an der Wasserpumpe. All diese leeren Räume machten mir Angst, aber vor einem fürchtete ich mich besonders: Das war der Gebetsraum, der Raum des *ru*, Baba Gheivallah, einem guten Geist, der zu unserer schiitischen Tradition gehört und den Mama in unserem Haus herumwandern gesehen hatte, so schwor sie jedenfalls. Ich bin nur ein paarmal aus Hunger dort hineingegangen: Denn bei den Opfergaben, die ihm dargebracht wurden, gab es immer ein paar Süßigkeiten.

Manchmal mieteten Leute aus Kasur den großen Saal bei uns zu Hause, um dort Feste zu feiern: Er hatte kein Dach mehr und war deshalb eine Art Hof geworden, in dem bis zu zweihundert Leute Platz fanden. Bei diesen Anlässen brachten die Köche große Kessel mit, entzündeten Holzfeuer und kochten darauf. Eines Tages rief mich Mama, weil es ihr sehr schlecht ging, und bat mich, meine Großmutter zu benachrichtigen: Ihr Bett war ganz voller Blut. Die Großmutter kam mit einer Hebamme, und sie schickten mich für ein paar Stunden fort. »Zum Glück habt ihr mich rechtzeitig gerufen«, sagte die Frau. »Wenn ihr noch länger gewartet hättet, wäre diese Frau wahrscheinlich gestorben. Jetzt muss man ihr eine Fleischsuppe zu essen geben, damit sie wieder zu Kräften kommt.« Nach dem Besuch ging die Großmutter weg, und ich blieb mit dem Problem der Suppe allein. Woher sollte ich das Geld nehmen, um Fleisch zu kaufen? Es gab keine andere Lösung, als es denen zu stehlen, die gerade das Fest im großen Saal vorbereiteten: Ich tat es vor Angst zitternd, bin dann schluchzend in den Raum des ru gegangen und habe um Vergebung gebeten. Ich war vielleicht neun Jahre alt und hatte noch nie selbst gekocht: Ich tat also das Fleisch in den Topf mit Wasser, Ingwer, Safran, Zwiebeln, Tomaten und viel scharfen Pfefferschoten. Das war falsch, denn Pfefferschoten gehören nicht in die Suppe. Aber zu guter Letzt konnte Mama Fleischsuppe essen, und ich gab ihr auch etwas Wasser, das ich aus dem Raum des ru geholt hatte, wo es die Leute in Gefäßen hinstellen, falls Baba Gheivallah einmal Durst hat. Ich hoffte, dass sie von diesem heiligen Wasser sofort gesund werden würde. Dann wusch ich die blutverschmierten und verklebten

Binden und bezwang meinen Ekel, diese Sachen anzufassen. Mama weinte und sagte nicht ein Wort zu mir. Sie sprach damals kaum mit mir. Erst seit ein paar Jahren dankt sie mir und sagt: »Nicht ich war dir eine Mutter, du warst die Mutter für mich und deine Geschwister.«

Wie in allen Ländern der Dritten Welt ist Analphabetismus die Regel und nicht die Ausnahme: Man schätzt, dass vielleicht gerade einmal dreißig von hundert Pakistanerinnen des Lesens und Schreibens mächtig sind, bei den Männern sind es wohl fünfzig Prozent. Im Jahr 2004 begann die Regierung kostenlos Bücher an die Kinder in den Grundschulen zu verteilen, eine Maßnahme, die vor allem den Mädchen geholfen hat, denn wenn Ausgaben für die Schulbildung der Kinder anstehen, dann fällt die Entscheidung immer zugunsten der Jungen aus. Allerdings zeigte die Maßnahme nur hier und da Wirkung: Die verkrusteten Strukturen der Bürokratie behielten zumeist die Oberhand über die guten Absichten. Außerdem sind die Schulen häufig zu weit weg, um die Mädchen in den Dörfern zu erreichen, die oft keine Schuhe haben und gemäß der Tradition vor jeder Belästigung, der sie auf einer Straße ausgesetzt sein könnten, auf das Ängstlichste behütet werden. Die Durchsetzung der allgemeinen Schulpflicht ist kein Ziel, das wirklich in Reichweite wäre.

Wir sind nicht zur Schule gegangen: Ich weiß nicht, warum, viele andere Kinder aus unserer Nachbarschaft gingen dorthin. In Pakistan ist die Grundschule kostenlos, damals musste man allerdings noch für die Bücher zahlen: Ich denke mir, dass es nur Geldmangel war, der Mama zu dem Entschluss führte, dass man auch leben konnte, ohne schreiben zu lernen. Manchmal gab sie selbst uns Unterricht, aber unregelmäßig, nur wenn sie Lust hatte, und das Wenige, was ich lernte, vergaß ich sofort wieder. Erst jetzt lerne ich Schreiben: aber auf Italienisch, nicht in meiner Sprache. Urdu wird mit arabischen Schriftzeichen geschrieben, deshalb werde ich nie eine Zeitung in Urdu lesen können.

Wir lebten in Armut, so viel ist sicher. Mama hatte keine Lust mehr zu arbeiten, sie trat nur noch selten auf, und das, was sie dabei verdiente, brauchte sie für Drogen oder gab es den Männern, in die sie sich verliebte. Wenn sie einen Mann mit nach Hause brachte, sagte sie zu uns: »Schlaft, schlaft«, aber ich schlief kein bisschen, sondern weinte unter meiner Decke: Wenn ich wieder diese Geräusche hörte, fürchtete ich, es würde ihr wehtun.

Ich erinnere mich an einen dieser Männer, Said, zu dem wir »Papa« sagen mussten. Papa, dass ich nicht lache! Wenn er da war, wagten wir kaum zu atmen und sprachen bloß, wenn er uns ausfragte: Und wenn wir etwas Falsches sagten, setzte es Schläge. Immer wenn er kam, trank er sofort die ganze Milch aus, die wir gekauft hatten, *unsere* Milch, dann gab er uns zwei Rupien, damit wir uns etwas zu essen holen gingen, und als wir nach Hause kamen, war die Tür verschlossen, und wir konnten nicht mehr rein. Abends schickte er uns alle um neun Uhr ins Bett. Und morgens sah ich dann rote Male am Hals meiner Mutter: Und eine große Wut überkam mich, sie kam mir vor wie eine schmutzige Frau, alles, was er berührte, kam mir schmutzig vor. Dieser Mann war ein Untier.

Eines Nachts, als er nicht da war, wachten meine Schwester und ich auf, weil meine Mutter weinte und schrie. Wir gingen zu ihrem Bett, und sie gab uns so etwas wie ein Kind, das in ein Tuch gewickelt war. Es war ein Kind und war doch keines, es hatte einen riesigen Kopf und war ganz glitschig: Uns schauderte es.

»Tut es in eine Plastiktüte und werft es in den Fluss«, befahl uns Mama. Ihre Stimme sagte uns, dass wir jetzt wirklich gehorchen mussten.

Danach bekam ich Fieber. In kurzen Abständen wurde Mama schwanger, und Said, der bereits eine Frau und drei Kinder hatte, wollte keine Kinder mehr: Sie trieb ab, es war überall Blut, und mir graute davor. Dieser Said war nicht nur ein Untier, er war auch ein Lügner: Man konnte nichts von dem glauben, was er sagte. Er versprach immer, uns einen Fernseher zu bringen, kam aber stets mit leeren Händen. Nachdem er uns monatelang auf diese Weise an der Nase herumgeführt hatte, ging ich zu Mama und sagte: »Papa lügt.« Da schlug Mama mich mit einem Stock.

Said war groß, dick, hatte einen schwarzen Bart und jagte allen Angst ein. Er war sehr gläubig, und Mama, die ihm vollkommen hörig war, begann die Burka zu tragen und fünfmal am Tag in Richtung Mekka zu beten. Uns Kindern jedoch hat er nicht einmal die Geschichte von Mohammed erzählt. Und bei all ihrer Frömmigkeit verbrachten Mama und Said die ganze Nacht mit Sex und Drogen. Ich war schrecklich eifersüchtig auf ihn: Er hatte mir die Mutter weggenommen.

Außerdem war er Sunnit, während wir Schiiten waren und andere Traditionen hatten. Für uns ist zum Beispiel der Moharran sehr bedeutend, der Trauermonat zu Ehren des Imam Hossein, dem Neffen des Propheten: Alle Schiiten kleiden sich schwarz oder weiß, und die Männer verletzen sich mit zusammengebundenen Messern, die sie wie Peitschen gebrauchen. Es war uns verboten, den Moharran zu achten, solange Said mit meiner Mutter zusammenlebte. Und es waren uns auch die Feste verboten, bei denen sich Verwandte und Freunde treffen und die Gäste Umschläge mit Geld als Geschenk mitbringen. Das sind sehr fröhliche Abende, man bleibt oft bis spät nachts auf, und immer sind Sänger und Tänzerinnen dabei: Die Großmutter, Tanten, Freundinnen, alle gingen zum Fest. Wir nicht, uns war es verboten. Ich glaube allerdings nicht, dass es eine Frage der Religion war, das Problem war wie immer, dass uns das Geld fehlte.

Ich bin sehr religiös, aber ich misstraue denen, die eine besonders große Frömmigkeit zur Schau tragen. Vielleicht ist diese Abneigung entstanden, als ich ein kleines Mädchen war, weil ein Onkel von mir, der einen Bart trug und als kleine Autorität in Religionsfragen galt und den man um Rat fragen ging, mich einmal in die Moschee brachte, mir dort an die Brüste fasste, mir sein Geschlecht zeigte und mir befahl, den Mund zu halten. Natürlich sagte ich nichts: Ich wusste, wenn ich es getan hätte, hätte mir niemand geglaubt, und sicher wäre ich verprügelt worden.

Es scheint unmöglich, aber selbst inmitten aller Schrecken und Entbehrungen schaffen Kinder es immer noch, Zeit zum Spielen zu finden. So war es auch bei uns: Ich hatte Puppen aus Lumpen, Puppen für die Armen, die nur zwei Rupien kosteten, aber ich liebte sie trotzdem, ich baute ein Häuschen für sie und nähte ihnen neue Kleider aus ein paar Stoffresten, die man mir geschenkt hatte. Ich hatte mir auch einen Kalender für das Leben meiner

Puppen ausgedacht: Eines Tages lud ich meine Freundinnen zur Hochzeit einer Puppe ein, dann gab es ein Fest, weil die Puppe schwanger geworden war, und an einem weiteren Tag spielte ich die Hebamme, die kam, um das Püppchen auf die Welt zu bringen.

Ich spielte auch sehr gern Baseball mit meinem Bruder oder *apustrapu* mit den anderen Kindern: Man wirft einen Stein und hüpft dann auf einem Bein auf einem Rechteck, das man auf die Erde gezeichnet hat. In Italien gibt es genau dasselbe Spiel: Bei euch heißt es »campana«. Einmal fand ich auf dem Friedhof einen sandfarbenen Welpen, den ich Kunù nannte: Ich brachte ihn nach Hause, machte ihm ein Bettchen, und mit dem Geld, das für mein Essen gedacht war, kaufte ich ihm Zwieback und Milch. Aber nach wenigen Tagen befahl mir der böse Said, ihn dorthin zurückzubringen, wo ich ihn gefunden hatte, und weinend musste ich gehorchen. Tiere liebte ich sehr, und manchmal brachte ich Küken mit nach Hause, aber sie starben mir immer nach ein paar Tagen, obwohl ich sie auf meine Art und Weise pflegte: Ich gab ihnen Injektionen mit Wasser.

Was mir aber wirklich das Herz aufgehen ließ, waren die Besuche bei einer Familie von Sängern, den Sadek. Sie waren reich, lebten modern, und ihre Tochter Bushrà Sadek war berühmt. Alle waren nett zu mir und meinen Geschwistern, vor allem aber die Mutter. Unsere Mutter ließ uns oft bei ihr, denn sie gab uns zu essen und steckte uns immer etwas Geld zu. Sie war eine schöne Frau, trug stets den Schleier, und wenn ich ein paar Tage nicht bei ihr vorbeiging, schalt sie mich zärtlich aus. »Cutì, *cutì*«, sagte sie, ein scherzhafter Ausdruck, um Kinder zu schimpfen, der Hündchen bedeutet, »warum bist du nicht gekommen? Ich hatte etwas Süßes für dich gemacht.«

Ich hätte gerne ein solches Haus gehabt wie die Sänger. Es war immer aufgeräumt und sauber, und für jede Tageszeit gab es ein anderes Zimmer: Ein Schlafzimmer, ein Zimmer zum Kochen und eines zum Essen und Fernsehen. Verzweifelt, doch erfolglos bemühte ich mich, diese Ordnung in dem einzigen Zimmer, das wir bewohnten, zu imitieren: Ich machte sauber und räumte auf, hängte die Töpfe dekorativ an die Wand, legte ein Tuch über die Schachteln mit den Kleidern und stellte die Betten zusammen, um den Eindruck zu erwecken, dass es auch bei uns ein Ehebett gab. Es war gerade diese Liebe zum Haushalt, die – zumindest zum Teil – mein Schicksal besiegelte.

Fakhras Mutter ist nicht die Einzige, die das Geburtsdatum ihrer Tochter nicht kennt: In Ermangelung eines funktionierenden Einwohnermeldesystems ist es in Pakistan üblich, in Gerichtsakten zu schreiben: »Dem Anschein nach soundso alt«. Und die Tatsache, dass die Mutter über viele Jahre drogenabhängig war (bis hin zu der zweifachen Tragödie, dass der Sohn an einer Überdosis starb und die Tochter durch Säure entstellt wurde), braucht niemanden zu wundern: Man schätzt, dass in Pakistan auf zwölf Einwohner einer drogensüchtig ist.

Doch wenngleich die Trägheit der Bürokratie und die Gleichgültigkeit bzw. Bestechlichkeit der Polizei Unordnung und Missbrauch blühen lassen, existieren auch mutige Organisationen von Ehrenamtlichen, die für Bürgerrechte kämpfen, und Journalisten, die ihr Leben aufs Spiel setzen – und es manchmal auch verlieren –, um über Übergriffe und Ungerechtigkeiten zu berichten. Die Legal Aid Cell beispielsweise bietet kostenlose Prozesskostenhilfe für die Ent-

rechteten. Diese Vereinigung wurde ursprünglich zur Verteidigung der Frauenrechte gegründet, unterstützt aber heute alle, die in der Gesellschaft keine Stimme haben. Oder auch Amir Bux Broghi: ein engagierter Journalist, der bekannt für seinen Mut war, mit dem er die gewalttätigen Übergriffe und die Unfähigkeit der Polizei anprangerte. Als fortschrittlicher Kopf kämpfte er außerdem gegen die so genannten Ehrendelikte. Im Oktober 2003 wurde er auf dem Weg zur Arbeit mit drei Pistolenschüssen getötet. Die Schuldigen wurden nie gefunden.

Eines schönen Tages – oder vielleicht auch eines schlimmen Tages, je nachdem, wie man es betrachtet – verschwand Said aus unserem Leben. Mit ihm verschwand die Möglichkeit, jeden Tag zu essen zu haben, und unser Zuhause auch: Zwar war es kein schönes Haus, sondern eine Ruine, aber doch immer noch ein Zuhause. Meine Mutter hatte nicht das Geld für die Miete, und wir zogen alle zusammen in das Haus von Tante Alia, die bei ihrer Adoptivmutter wohnte, der zweiten Frau meines Großvaters. Sie ließen uns auf der Terrasse schlafen: Es gab zwar ein Dach, und wir wurden bei Regen nicht nass, aber nachts froren wir, und die dünne Decke, in die wir uns hüllten, konnte uns nicht vergessen machen, wie hart der Fußboden war. Noch härter war allerdings die Art und Weise, wie sie uns täglich das Essen hinwarfen: Meine Großmutter, die sehr geizig war, gab zuerst allen anderen zu essen – dem Großvater, Tante Alia, ihren beiden Söhnen, also unseren Cousins, den Dienstboten –, und wenn dann etwas übrig blieb, gab sie es uns. Aber oft gingen wir leer aus, und wenn wir Kinder manchmal auf der Suche nach etwas zu essen den Kühlschrank öffneten, wurden wir verjagt und beschimpft. Aber für die Katze gab es immer frisches Fleisch, und die Dienstboten durften alles essen, was sie nur wollten.

Für arme Kinder sind Festtage die traurigsten Tage.

Als in jenem Jahr der Eid kam, der große Tag, mit dem man das Ende des Fastenmonats Ramadan begeht, bekamen alle Kinder von Kasur neue Kleider und Armreifen geschenkt und hatten ihr Stück Lammfleisch auf dem Teller, aber Kiran und ich hatten nicht einmal etwas zu essen, und wir weinten und hielten uns umklammert, und ich sagte ihr, um sie zu trösten: »Warte nur, bis ich groß bin. Du wirst schon sehen.«

Ja, was würde sie sehen? Noch wusste ich es nicht, aber ich war entschlossen, etwas zu tun, damit es meiner Familie gutging, um alles zu kaufen, was uns fehlte, ich wollte kämpfen, ich hasste die Passivität meiner Mutter, die sich immer nur im Bett wälzte: Bis oben hin voller Drogen oder beim hemmungslosen Sex.

Etwas hatte ich aber schon gemerkt: Ich tanzte gern. Ich liebte es, den Tänzerinnen zuzuschauen, wie sie sich im Kreis drehten, barfuß, in bunten Gewändern, behängt mit glitzerndem Schmuck, umweht von Parfümschwaden. Jedes Mal, wenn es irgendwo ein Fest gab, ging ich hin: Um die Tänzerinnen zu sehen natürlich, aber auch stets mit der Hoffnung, jemand würde auch mich auffordern, zu tanzen. Das Problem war, dass ich damals, ich war erst elf Jahre alt, ein richtiges hässliches Entlein war, mager, unbeholfen, klein gewachsen, mit dunkler Haut, ganz anders als meine Schwester, die sich anmutig bewegte und mit sanfter Stimme sprach, während mir immer alle sagten, ich würde nicht sprechen, sondern schreien. Die Männer warfen Geld auf die Tänzerinnen, das wie fallende Blätter im Herbst auf sie herabregnete, und ich kauerte traurig in irgendeiner Ecke. Ich war wohl Mitleid erregend, denn manchmal hielt mir ein Mann zwanzig Rupien hin, das sind ungefähr fünfundzwanzig Cent, und sagte zu mir: »Na komm, tanz doch auch.«

Ich versuchte das erste Mal Geld mit Tanzen zu verdienen, kurz nachdem Said meine Mutter verlassen hatte. Sie war ausgegangen und nach ein paar Stunden zurückgekommen und hatte lauter Kleingeld auf das Bett gelegt. Sie war an den Eingang einer Moschee gegangen und hatte dort um Almosen gebettelt. Ich schloss mich ins Bad ein und weinte, als müsste mir das Herz zerspringen. Eine um ein paar Jahre ältere Freundin, die sich ein bisschen Geld mit Tanzen verdiente, sagte zu mir: »Komm doch mit mir.« Sie gab mir einen dunkelgrünen *shelwar kamiz* und einen Büstenhalter, den ich mit Watte auspolsterte; unter meiner Tunika zog ich zwei Paar Hosen an und hoffte, dass alle glaubten, ich hätte ein üppiges Hinterteil, denn das gilt in Pakistan als sehr schön. Da ich gerade keine Haare hatte, weil ich wegen der Läuse kahl geschoren war, band ich mir ein schwarzes Tuch um den Kopf, das ich an den Schläfen verknotete, und darüber noch ein grünes. Als ich das erste Mal dran war mit Tanzen, versuchte ich die Schritte meiner Freundin nachzuahmen, die ziemlich gut tanzte, aber die Leute fingen an zu lachen, und irgendwann hat ein kleiner Junge meinen Tanz unterbrochen, indem er mir die Tücher vom Kopf riss und ich zu Tode beschämt mit meinem kahl geschorenen Kopf dastand und in Tränen zerfloss. Trotz alledem haben sie mir am Ende des Abends hundert Rupien gegeben: Fünfzig gab ich Mama und fünfzig behielt ich für mich, um mir Schminke zu kaufen, weil ich hoffte, noch eine zweite Chance zu bekommen. Aber in Wirklichkeit vergingen noch ein paar Jahre, bevor ich mit dem Tanzen den Lebensunterhalt für mich und meine Familie verdienen konnte.

Wir blieben einige Monate bei den Großeltern wohnen, vielleicht ein Jahr, danach zogen wir immer von einem Haus zum nächsten und wohnten bei verschiedenen Freundinnen meiner Mutter, bis wir schließlich in der Moschee von Hamambarka landeten, die heute aufgegeben und halb eingestürzt ist. Wir schliefen auf dem Boden, einen Ziegelstein als Kopfkissen, Wasser gingen wir am Brunnen unserer Tante holen (der Kühlschrank war nur für ihre eigene Familie bestimmt), zu essen musste sich jeder selbst suchen, oft ließen wir die Mahlzeiten aus oder mussten uns mit einem kleinen Stück Brot oder etwas Kichererbsenmehl begnügen.

Mama ging es furchtbar schlecht, sie übergab sich häufig, und ich ging zu ihren Freundinnen und bettelte um ein bisschen Geld, um ihr Drogen zu kaufen. Wenn man bedenkt, dass sie sich immer noch schön kleidete und schminkte: Sie war damals, glaube ich, nur wenig älter als dreißig Jahre.

Keine ihrer Schwestern hat ihr geholfen: Sie waren einmal zu sechst gewesen, drei von ihnen nahm der Vater mit sich, als er sich von meiner Großmutter trennte, und die Mutter hat sie nie wieder gesehen bis auf eine, Fawzia, die nach zwanzig Jahren zurückkam.

Sie ging zu meiner Großmutter und fragte sie: »Erkennst du mich?« »Nein, wer bist du?« sagte Großmutter. »Fawzia, deine Tochter.« Großmutter wurde ohnmächtig, und als sie wieder zu sich kam, fing sie an zu weinen und zu schreien.

Die Nachbarn kamen und alle weinten und umarmten Fawzia. Sie erzählte von ihrem Leben: Sie hatte einen reichen Landbesitzer geheiratet und lebte auf dem Lande, im Norden. Eines Tages nahm sie mich mit und zeigte mir ihr Haus: Es war schön, groß, sauber, ordentlich, und sie kümmerte sich sehr um ihre Kinder, passte auf, dass sie richtig aßen, und wenn sie sah, dass sie schmutzige Füße hatten, sagte sie: »Geht und wascht euch.« Ich beneidete sie darum.

Die beiden Schwestern meiner Mutter, die in Kasur geblieben waren, *Vaji* (Tante) Gudò und *Vaji* Alia, sind dagegen auf die schiefe Bahn von Elend und Verworfenheit geraten. Gudò war als junges Mädchen strahlend schön gewesen, aber dann verliebte sie sich in einen Mechaniker, einen armen, hässlichen und bösen Mann, und brachte ihm sieben oder acht Kinder zur Welt. Sie zogen in ein schmutziges Haus, wo es kein Licht gab, und der einzige Trost, den sie in ihrem Leben hatten (was für ein Trost!), war es, abends vor dem Einschlafen billigen Wodka zu trinken. Auch Alia war sehr schön, und auch sie war eine gute Tänzerin. Und wie Gudò machte sie den Fehler, sich Hals über Kopf in einen Mann zu verlieben. Das ist fast immer der Anfang des Niedergangs einer Frau: Die fixe Idee, dass er der Einzige auf der Welt ist, und der Entschluss, ihm alles zu geben, ihn immer zufrieden zu stellen. Eine Frau sollte sich niemals vollständig hingeben, einem Mann das Gefühl geben, dass er mit ihr alles tun darf. Heute ist Alia, die stark und entschlossen war, schwach und willenlos geworden, sie ist dick, hat sechs oder sieben Kinder mit einem Mann, der sie nicht geheiratet hat, und erwartet ohne aufzubegehren die Schläge ihres Gefährten. Nur mit Tänzerinnen können es die Männer sich erlauben, sie einfach zu nehmen, ohne sie zu heiraten, und ihnen den Respekt der Leute rauben.

Gemäß einer Untersuchung des pakistanischen Frauenministeriums erleiden 80 Prozent der Frauen häusliche Gewalt. Der Ehrenmord und schwere Verbrennungen bei »Unfällen« mit kerosinbetriebenen Kochherden sind nur die Spitze des Eisbergs, sprich, der Teil, der von der allgemeinen häuslichen Hölle bekannt wird, weil diese Fälle bei der Polizei angezeigt werden: Doch der größte Teil der Gewalttaten wird schweigend ertragen, ohne dass bei den Frauen überhaupt ein Bewusstsein dafür besteht, dass ein Grundrecht verletzt wird.

Man begreift leicht, wie die farbige Glitzerwelt des Tanzes, wo sich leicht Geld verdienen lässt und die Sitten relativ locker sind, auf ein armes Mädchen unendlich viel erstrebenswerter wirkt als das düstere häusliche Gefängnis (»Der Schleier und die vier Wände«, heißt es auf Urdu, um das Leben einer ordentlichen Ehefrau zu beschreiben), das die gottesfürchtigen Familien für ihre Töchter vorsehen.

Aber nicht all unsere Verwandten lebten in erbärmlichen Verhältnissen und nicht alle verachteten uns. Es gab zum Beispiel eine entfernte Cousine meiner Mutter, Azrah Jahan, eine berühmte Sängerin, die mit ihren Kindern, zwei Töchtern und einem Sohn, in Lahore lebte. Eine der Töchter, Badjiba, eine elegante junge Frau, die immer von einem herrlichen Parfüm umweht war, kam ab und zu nach Karachi und saß selbst am Steuer ihres Wagens. Wenn sie anhielt, drängten sich sofort die Kinder um ihr Auto, und sie verteilte an alle ein bisschen Geld: Und zwar funkelnagelneue Banknoten, nicht diese abgegriffenen Geldscheine, die, wenn es einmal gut lief, in unseren elenden Häusern im Umlauf waren.

Als sie einmal Tante Alia besuchen kam, die in der Nähe der Moschee von Hamambarka wohnte, entdeckte sie, dass wir da zwischen den alten Mauerruinen hausten. Sofort kam sie auf uns zu und sagte: »Steigt ins Auto, ich bringe euch nach Lahore.« Ihr Haus war genauso wundervoll wie ihr Auto: Eine zweigeschossige Villa voller Teppiche mit vielen Badezimmern und vor allem so viel zu essen, und die Freiheit, zu schlafen und zu essen, so viel wir wollten. Badjiba war mit einem streng aussehenden Politiker verheiratet (immer wenn er nach Hause kaum, verstummte der sonst übliche Heidenlärm auf der Stelle, als habe jemand das Radio abgeschaltet), aber Kinder hatte sie noch keine bekommen. Vielleicht holte sie sich deshalb lauter Kinder ins Haus: Und stets landeten wir alle in ihrem Schlafzimmer, wo wir spielten, sangen, sogar aßen. Manchmal gingen wir alle mit ihr zum Friseur, und sie wusch mindestens zehn kleine Köpfe mit reichlich Shampoo und kaufte uns dann allen etwas zum Anziehen. Morgens schickte sie uns heiße *chapati* und Hühnersuppe holen, und wir nahmen alle zusammen eine *nashta* ein. Ein richtiges kleines Paradies, das eines Tages nach einem Wortwechsel zwischen Mama und Badjiba schlagartig beendet war: Uns Kindern hat nie jemand erklärt, warum wir in aller Eile wieder »nach Hause« gebracht wurden, das heißt, zu unserem jämmerlichen Nachtlager unter freiem Himmel in der Moscheeruine.

Eines Tages bekam Mama in Kasur Besuch von einem *Garai*-Spieler (das ist eine Art Trommel), den sie Jahre zuvor in Lahore kennengelernt hatte. Ein väterlich wirkender älterer Mann, der den Anschein erweckte, uns helfen zu wollen. »Warum zieht ihr nicht nach Lahore?« sagte er. Mama gab nicht sofort Antwort, aber das Angebot tat seine Wirkung, und nach ein paar Stunden fragte sie uns: »Und was, wenn wir einfach mit ihm gingen?«

Wir Kinder waren immer hellauf begeistert, wenn man uns mit irgendeiner außergewöhnlichen Veränderung konfrontierte: In eine andere Stadt zu ziehen, ist auf jeden Fall eine Abwechslung, wenn sich sonst ohnehin alle Tage gleichen. Vielleicht stand dahinter auch der Gedanke, dass es sowieso nicht schlimmer werden konnte, als es das Leben in der alten Moschee war. Wir willigten ein und freuten uns sehr. Der Alte schenkte uns das Geld für den Bus und fand einen Schlafplatz für uns in seinem Haus, im obersten Stockwerk eines Hochhauses. Aus irgendeinem unbekannten Grund musste Mama sofort noch einmal nach Kasur zurück, versprach aber, in zwei oder drei Tagen wiederzukommen. Am nächsten Morgen wachte ich auf, weil Kiran mich schüttelte und sagte: »Hast du nichts gemerkt? Der Alte ist heute Nacht in unser Bett gekommen und hat uns angefasst.« Ich fuhr hoch, als hätte ich einen elektrischen Schlag bekommen: Wir mussten aus diesem Haus verschwinden, und zwar sofort. Entsetzt stellten wir fest, dass wir eingesperrt waren. Als wir anfingen laut zu schreien und an die Tür zu hämmern, hörte uns ein Kind, das dort Dienst tat, und machte uns auf. Nicht weit entfernt wohnte eine mit Mama befreundete Tänzerin, die uns aufnahm und tröstete. Nach ein paar Stunden kam der Alte, um, wie er mit honigsüßer Stimme sagte, uns »nach Hause zu bringen«. Kiran schnappte wie eine kleine Tigerin nach ihm und stellte ihn vor aller Augen bloß. Für diesmal waren wir gerettet.

Mama kam nach zwei Tagen zurück, wie sie versprochen hatte, aber es ging ihr sehr schlecht. Sie hatte einen ganzen Tag lang in der prallen Sonne geschlafen und hatte nun sehr hohes Fieber. Sie brauchte Medikamente, aber wie sollten wir sie kaufen, ohne eine Rupie in der Tasche zu haben? Ich war verzweifelt und glaubte, Mama müsste sterben.

Zum Glück trifft man im Leben nicht nur auf Bestien von Männern: Manchmal begegnet man auch Männern, die die reinsten Engel sind. An jenem Tag war einer von ihnen im Haus von Mamas Freundin Gudì: Er drückte mir tausend Rupien in die Hand, das sind fünfzehn Euro. Barfuß, ohne mir Schuhe anzuziehen, rannte ich einen Doktor holen. Dieser Engel von einem Mann kaufte alle Medikamente, die der Doktor verschrieben hatte, wofür er beinahe dreitausend Rupien ausgab. »Warum hast du all das für mich getan?« fragte ich ihn. »Weil du ein einfaches Mädchen bist, das jede Dummheit tun würde, um seine Mutter zu retten«, entgegnete er. Und küsste mich auf den Mund. Ganz sanft. Das war der erste Kuss, den ich von einem Mann bekam. Ich fand es schön.

Er blieb bis fünf Uhr morgens bei mir auf dem Zimmer, bis es Mama allmählich besserging. Bevor er ging, gab er mir noch einmal dreitausend Rupien. »Vielleicht braucht ihr neue Medikamente«, sagte er.

Eine Woche verging, Mama wurde gesund und entschied, dass wir nach Karachi ziehen würden. Der Engels-Mann, der Vagit hieß, schlug ihr vor, mich zu heiraten. Mama wies ihn ab. Er begleitete uns zum Bahnhof, kaufte die Fahrkarten, Proviant und Obst für die achtzehn Stunden Zugreise und gab noch fünftausend Rupien dazu. Er weinte, als die Türen geschlossen wurden. »Wenn du glücklich bist, fahr nur, wenn du etwas brauchst, sag mir Bescheid.« Das war sein Lebewohl.

Wir kamen um Mitternacht an, aber Mama kannte alle Straßen: Ich war fasziniert, mit welcher Sicherheit sie sich in dieser Riesenstadt bewegte. Sie brachte uns in das Haus einer Cousine: Die war gerade nicht in der Stadt, nur ihr Mann war da, der uns dennoch für diese Nacht aufnahm. Am nächsten Tag zogen wir zu Tante Gudò, die mit ihrem Mann und den drei Kindern in zwei Zimmern lebte. Nach zwei Tagen fuhr unsere Mutter mit Kiran und Tina zurück nach Karachi und ließ mich allein bei Tante und Onkel. Das war keine gute Idee. Meine Tante trank und wurde dann schnell gewalttätig. Auch ihr Mann soff und umarmte mich dann. Zu sehr. Ich hatte sogar das Gefühl, meine Tante würde ihn mir zuschieben. Eines Abends bestanden sie darauf, dass ich eine Cola mit Wodka drin trank, und am nächsten Morgen wachte ich mit geschwollenem Gesicht auf. Wer weiß, was sie in das Glas getan hatten?

Nach ein paar Tagen kam Tina aus Kasur zurück, und als ich ihm erzählte, was geschehen war, meinte er: »Wir könnten auch zu Auntie Chia gehen.« Das war eine Verwandte meiner Mutter, die wir *auntie* nannten, das heißt Tante auf englisch. Eine nette, listige Frau, die in ihrem Leben gelernt hat, wie man es anstellen muss. Sie lebte mir ihrem Mann und fünf Kindern in zwei Zimmern, wir schliefen da, wo es eben ging und bei wem es sich gerade ergab: Aber es ging uns nicht schlecht. Eine Tochter von Auntie Chia, Nazia, die hässlich, aber sexy war, arbeitete als Tänzerin. Ich fing an, mit ihr ins Sangeet Mahal zu gehen, den »Gesangs- und Tanzpalast«, ein fünfstöckiges Gebäude, in das die Männer gingen, um sich die Tänzerinnen anzuschauen und ihnen Geld zu Füßen zu werfen. Die Tänzerinnen dürfen sich nicht danach bücken, das macht ein Bediensteter, der nach Schluss der Veranstaltung die Summe gerecht unter allen verteilt: Die besten und gefragtesten Tänzerinnen bekommen am meisten, Anfängerinnen wie ich nur ein paar Rupien. Ich hatte das Tanzen noch nicht richtig gelernt und schminkte mich wie ein Clown, mit weißem Puder und falschen Wimpern, eine einzige Katastrophe.

Nichtsdestotrotz gab es da einen Jungen, der mich anschaute. Er war allenfalls zwanzig und immer gemeinsam mit einer Gruppe Freunde da, und sein Name war Shokat. Nach zwei oder drei Abenden, an denen er mich nur angesehen hatte, ohne den Mund zu öffnen, forderte er mich auf, für ihn zu tanzen, aber bald darauf warf er mir ein paar Rupien zu und ging weg. Wie enttäuscht ich war! Doch nach kurzer Zeit kam er zurück und gestand mir schließlich: »Ich habe kein Geld, aber ich fahre ein paar Tage weg und bringe dir was.« Nach zwei Tagen war er wieder da, sah den anderen beim Tanzen zu, warf ihnen

Hundert-Rupien-Scheine zu und würdigte mich keines Blickes. Am Ende des Abends rief Shokat mich nach draußen, drückte mir tausend Rupien in die Hand und lief weg. Mein Herz pochte heftig.

Ich tanzte weiter: Zwar ohne großen Erfolg, aber es wurde jeden Tag ein bisschen besser. Mein Tanz, mein Make-up, aber auch mein Körper. Ich entwickelte mich, nahm ein paar Kilo zu, meine Brust war allmählich nicht mehr vollkommen flach. Eines Abends kam ein eleganter Herr, ein bisschen angetrunken, der alle Mädchen kannte. Sein Name war Hemat. »Und wer ist die?« fragte er mit Blick in meine Richtung. »Fakhra«, gaben sie ihm zur Antwort. »Ich will sie mitnehmen«, sagte er. »Das geht nicht, sie ist Jungfrau.« »Dann nicht. Nicht, wenn sie Jungfrau ist.«

Ein paar Tage vergingen. Eines Nachmittags, als die Luft mild und es weder heiß noch kalt war, vielleicht war es September, und ich war gerade mit Brotbacken beschäftigt, stellte Hemat sich im Haus meiner Tante vor und fragte sie nach einem Mädchen, mit der er Sex haben konnte. Auntie Chia beeilte sich, ihn zufrieden zu stellen, und rief eine gewisse Goga an, die alles andere als schön war. Hemat schickte Goga weg und sagte zu meiner Tante, es sei ich, die er wollte. Auntie wiederholte das Verbot: »Das geht nicht, sie ist Jungfrau.«

»Aber zum Essen einladen kann ich sie doch: Möchtest du mit mir zum Essen ausgehen, Fakhra?«

»Warum kommst du nicht, um mich tanzen zu sehen?«

»Ich mag keine Tanzshows.«

»Und ich mag nicht essen gehen.«

Für diesen Tag war das alles, aber am nächsten Abend fing er mich direkt im Sangeet Mahal ab. »Sing, sonst nichts«, sagte er und warf mir Geld hin. Er hörte sich alles bis zum Schluss an, dann ging er weg.

Am nächsten Tag rief er Auntie Chia an: »Ich will die erste Nacht mit diesem Mädchen.« Das war eine zu wichtige Entscheidung, als dass Auntie Chia sie allein hätte treffen können, deshalb sprach sie mit meiner Mutter, die nach Karachi gekommen war, sobald sie das bisschen Geld bekommen hatte, das ich ihr geschickt hatte. »Ich überlasse es Fakhra«, war ihre Antwort. Als sie mich fragten, antwortete ich mit einer Gegenfrage: »Kann ich mir ein Haus kaufen von dem Geld, das er mir gibt?«

Mama sagte nichts.

Hemat

Es war früher Morgen, als ich einwilligte: Meine Jungfräulichkeit im Austausch gegen die Hoffnung auf ein Haus. Später erfuhr ich, dass der Preis zweihunderttausend Rupien betrug: Das ist viel, klar, aber bestimmt nicht genug, um ein richtiges Haus zu kaufen wie das, von dem ich träumte. Auf jeden Fall Geld, das ich nie zu Gesicht bekommen habe und von dem ein paar Krümel abfielen, um Kleider und Schmuck für mich zu kaufen: Vom Standpunkt meiner Familie aus gesehen war es eine Investition.

Hemat sollte um sieben Uhr wiederkommen. Meine Tante wies mich an, alle Körperhaare zu entfernen – unter den Achseln und an der Scham –, aber nicht mit dem Rasiermesser, das verbietet der Islam, sondern mit einer Creme. Eine Aufgabe, die ich hingebungsvoll erfüllte, und mit Hilfe eines Fädchen riss ich außerdem die paar Haare aus, die der Prozedur entgangen waren. Dann sprühte ich mir den ganzen Körper mit Parfüm ein, vermutlich etwas zu reichlich, schminkte mich, auch in diesem Fall großzügig, und zog ein Kleid in der Hochzeitsfarbe Rot an. Ich war bereit.

Und ich hatte große Angst. Auch weil ich nicht genau wusste, was eigentlich passieren würde. Die Mädchen aus meinem Bekanntenkreis redeten oft von Sex und sagten immer, das erste Mal würde es sehr wehtun. »Wie weh?«, fragte ich. Aber sie lachten und erklärten nichts, sondern wichen mir aus, und es hieß, für gewisse Dinge sei ich noch zu klein. Hemat rief um fünf Uhr an und sagte, dass ich wirklich noch zu klein sei und er auf die Nacht mit mir verzichten würde. Ich war erleichtert: Ich ging mir das Gesicht waschen und setzte mich vor den Fernseher. Meine Tante aber war entrüstet. Hemat hatte ihr am Morgen schon die Anzahlung gegeben und außerdem fünfzigtausend Rupien an die Polizei gezahlt. Theoretisch darf in unserem Land ein Mann keinen Geschlechtsverkehr mit einer Frau haben, wenn die beiden nicht verheiratet sind; das bedeutet in der Praxis, dass man, um mit einer erwachsenen Frau ins Bett zu gehen, tausend Rupien an der Polizeiwache bezahlen muss, für das erste Mal mit einem kleinen Mädchen aber sehr viel mehr.

Bei uns zu Hause glaubten alle, dass ein Verzicht nach Zahlung des Vorschusses Unglück bringt. Unglück für wen und was, weiß ich nicht. In Pakistan ist man sehr abergläubisch. Man glaubt zum Beispiel, wenn einem das linke Auge zuckt, geschieht bald etwas Schlimmes, wenn die rechte Hand juckt, steht man kurz davor, viel Geld auszugeben, aber wenn die Linke juckt, dann bekommt man demnächst welches. Und schwarze Katzen bringen Unheil, da sind alle einer Meinung, weil man erzählt, dass der *hamam* (heilige) Azurnabipak, der Katzen so sehr liebte, dass er sie nur mit Wattebäuschen verprügelte, eines Tages von furchtbarem Zorn ergriffen wurde, als er eine schwarze Katze eine Maus, das verworfene Tier, fressen sah. Ich glaube nicht an diese Sachen, aber ich weiß zum Beispiel alles immer früher als die anderen. Ich weiß zum Beispiel vorher, wenn Geld zu erwarten ist oder wenn jemand, an dem ich sehr hänge, gleich anrufen wird, oder wenn ein mir nahestehender Mensch bald sterben wird.

Abends ging ich tanzen wie beinahe jeden Abend. Shokat war auch da, und das freute mich sehr: Wenn ich ihn sah, fing mein Herz heftig an zu schlagen. Natürlich ließ ich ihn das nicht merken: Zwischen uns gab es immer Blickwechsel, und er schaute auch schöneren Mädchen zu, aber immer wenn ich mich rasch umdrehte, fand ich seine Augen auf mich gerichtet. Ein paar Tage später sagte er zu meiner Cousine Nazia, er wolle Geschlechtsverkehr mit mir haben, sie gab die Frage an Auntie Chia weiter, und meine Tante sagte Nein. Warum? Das habe ich erst einige Zeit später begriffen. Weil sie fürchtete, ich würde mich verlieben und mit ihm davonlaufen. Tänzerinnen bekommen immer Sexangebote, aber frei wählen dürfen sie nicht: Die Familien sind es, die den Preis aushandeln und die jungen Männer abweisen, vor allem die schönen, weil sie Angst haben, dass die Mädchen sich verlieben könnten. Und dann heißt es, lebwohl, Goldeselchen: Denn jede Nacht hat ihren Preis, nicht nur die erste.

Schade: Ich hätte mein erstes Mal gerne mit Shokat erlebt. Stattdessen kam nach ein paar Tagen wieder Hemat an. Es war ein Donnerstagnachmittag, und meine Tante sagte mir: »Zieh dich an, wir gehen mit Hemat zum Einkaufen.« Ich zog einen gewöhnlichen schwarzen *shelwar kamiz* an, aber um nicht blöd auszusehen, tat ich zwei Wattebäusche in den BH, damit alle glaubten, ich hätte schon Brüste. Wir – Auntie Chia, ich, meine Schwester

Kiran, meine Cousine Nazia und ihre kleine Schwester Rabia – gingen zu Fuß zum verabredeten Ort, nämlich vor die Shabukai-Moschee, wohin er jeden Donnerstag zum Beten ging. Er wartete in seinem schwarzen Auto auf uns. Ich wollte mich hinten hineinsetzen, aber Auntie Chia hielt mich zurück: »Nein, setz dich nach vorne.« Sonderbar. Das Auto war voller Blumen und mit duftendem Öl poliert: Sonderbar. Wir fuhren zum Sheraton-Hotel und gingen alle zusammen auf ein Zimmer. Da erst sagte mir Auntie Chia: »Diese Nacht bleibst du bei ihm.« Damit hatte ich nicht gerechnet, ich muss wohl sehr erschrocken ausgesehen haben, weil die Tante, vielleicht, um einer Weigerung zuvorzukommen, meine Mutter anrief und sie bat, mit mir zu reden. Mama weinte und sagte: »Fakhra, wenn du nicht willst, komm zurück nach Hause.« Ich überlegte nur ein paar Sekunden und sagte: »Ich will.«

Die Geldgier – oder die Gier nach jener Freiheit, die Geld einem bringen kann – war stärker als die Angst.

Im Jahr 2004 ist das Einkommen der Pakistaner gewachsen (!) und erreichte ein jährliches Pro-Kopf-Einkommen von sechshundert Dollar, weniger als zwei Dollar am Tag, aber 35 Prozent der Bevölkerung bleiben unterhalb der Armutsschwelle. In den Zeitungen ist davon die Rede, dass immer mehr Menschen – mehr als fünfhundert im Jahr, sofern man nur die zählt, bei denen ein Bekennerbrief vorliegt – aus Verzweiflung und Not den Selbstmord wählen. Ein weiterer Grund der Verzweiflung für die armen Familien ist oft genug die Flucht ihrer Kinder. Aus Erschöpfung über die täglichen Entbehrungen, wegen der Drogensucht der Eltern oder schlicht und einfach aus Hunger laufen die Kinder von zu Hause fort: Nach einer Untersuchung des Edhi Trust sind es zwischen zweitausend und dreitausend im Jahr. Doch unweigerlich geraten sie in noch größere Not: Auf den Bürgersteigen der Städte, sie betteln, stehlen, gehen auf den Strich oder landen in den Fängen der organisierten Kriminalität. Und danach im Gefängnis. Theoretisch dürften Kinder nicht in gemeinsamer Haft mit Erwachsenen gehalten werden, aber eine 2002 von der Legal Aid Cell durchgeführte Untersuchung ergab, dass zweitausend Minderjährige männlichen Geschlechts in den staatlichen Gefängnissen sitzen. Mit welchen Folgen, kann man sich leicht ausmalen.

Abdul Sattar Edhi ist in Pakistan so berühmt, wie Mutter Teresa es in Indien war. Größtenteils aus eigener Kraft (in letzter Zeit auch mit privaten Spenden) gelang es ihm, eine Stiftung für die medizinische und soziale Versorgung der Armen auf die Beine zu stellen. Krankenstationen, Hospitäler, Blutspendestationen, Rettungsdienste, Totenhäuser, in denen anonyme Leichen identifiziert werden, Übernachtungshäuser für Straßenkinder und vieles andere sind die wichtigen Anliegen der Edhi Foundation.

Und so gingen Hemat und ich in ein Zimmer, meine Tante und ihr Mann in ein anderes und die Mädchen zurück nach Hause. »Was immer sein mag, ruf mich an«, sagte Nazia, bevor sie ging. Hemat wollte mich zum Essen bewegen und bestellte eine Suppe, aber ich bekam nichts herunter und trank nur ein wenig Bier. Er dagegen Whisky. Ich hätte gerne ferngesehen, aber er wollte mich anfassen, und das war mir unangenehm. Ich ging ins Bad und nahm die Wattebäusche aus dem BH: Um sie zu verstecken, warf ich sie oben auf den Kasten der Klimaanlage. Dann ging ich zurück ins Zimmer. »Zieh dich aus«, sagte er. »Nein, nein, nein, nein«, rief ich.

Er ließ nicht locker, da rief ich Nazia an: »Er will, dass ich mich ausziehe, was soll ich machen?« Sie antwortete mir bloß: »Dumme Gans.« Ich feilschte mit Hemat: Ich würde mich nur ausziehen, wenn er das Licht löschte. Er stimmte zu. Und war sofort über mir. Es tat mir schrecklich weh, ich schrie, aber er hörte nicht auf. Ich schlug ihm mit der Faust in den Bauch, aber er hörte trotzdem nicht auf. Ich floh ins Bad, ich war ganz voll Blut, und es tat so weh, dass sogar das Wasser brannte. Ich weinte und wollte davonlaufen. »Noch einmal«, bat Hemat. Aber ich griff zum Telefon und rief Auntie Chia in ihrem Zimmer an: Sie willigte ein, mich nach Hause zu bringen. Es war vier Uhr morgens, aber alle waren noch wach und in bester Stimmung, redeten durcheinander und sagten zu mir: »Jetzt bist du eine Frau.« Ich aber wäre am liebsten vor Scham gestorben und konnte nur an den furchtbaren Schmerz denken, der mir in Bauch und Beinen tobte.

Am nächsten Morgen brachte Nazia mich zu einer Ärztin, einer Gynäkologin, die sagte, was am Abend zuvor geschehen war, sei gefährlich, weil ich noch zu klein sei. Sie sagte auch, es nicht noch einmal zu tun und mir beim Sitzen ein Kissen unterzulegen. Aber während wir unterwegs waren, hatte Hemat wieder angerufen, weil er mich auch die folgende Nacht besitzen wollte. Als die Tante mich nicht zu Hause vorfand, wurde sie wütend, und ich fing mir zwei Ohrfeigen ein. »Du glaubst wohl, du bist jetzt erwachsen und kannst machen, wozu du Lust hast, bloß weil du eine Nacht lang Sex hattest?« Es war nicht immer logisch, was Auntie Chia sagte.

Völlig niedergeschlagen ging ich unter die Dusche, um fünfmal den Reinigungsritus durchzuführen, wie alle, Männer und Frauen, es nach dem Geschlechtsverkehr machen: »*Laa ilaha illa allahu, na Muhammad rasul allahi.*« Ich hatte mich gerade erst gereinigt, da kam auch schon Hemat: Seine Küsse waren zu heftig, sie waren mir widerlich, und der Sex war eine noch schlimmere Qual als die Nacht zuvor. Ich brüllte, und er machte einfach weiter, immer gewaltsamer.

Als er fertig war, gab er mir zweitausend Rupien für Henna. Damit ich mir die Hände anmalte, wie man es zu Hochzeiten macht. Das war nett von ihm, und es war viel Geld, aber es ging mir zu schlecht, als dass ich mich über all das Geld hätte freuen können. Ich gab es Auntie Chia, die in jenen Tagen ausgiebige Shoppingtouren unternahm: Sie kaufte neue Kleider für mich und Nazia und außerdem Gold – Armreifen, Ketten, Ohrringe, *pail* (Reifen für die Fußgelenke). Gold ist von großer Bedeutung, es ist das Geschenk der Liebenden, und für eine Frau ist es der Beweis, dass sie sehr gut beim Sex ist. In jenen Tagen hatten wir reichlich Geld zur Verfügung, weil Hemat jede Nacht wiederkam und jede Nacht fünftausend Rupien für mich und tausend an die Polizei zahlte. Er war ein Mann, dem es nicht an Geld fehlte: Er war der Leiter des Flughafenzolls und besaß außerdem vier Läden, Buchhandlungen und Videotheken, und alle vier oder fünf Monate kaufte er sich ein neues Auto. Er hatte eine Frau und drei Kinder, sein ältester Sohn war so alt wie ich, nämlich dreizehn.

Hemat war außerdem ein gut aussehender Mann, viele Frauen fanden ihn sehr anziehend, und nach den beiden ersten Schreckensnächten war er immer sehr nett zu mir: Er zwang mich nicht zum Sex, wenn ich nicht wollte, machte mir viele Geschenke und zog mich zärtlich damit auf, dass mir noch keine Brüste gewachsen waren. Ich muss sagen, dass mein Leben nach der Begegnung mit ihm deutlich besser geworden ist. Er unterstützte mich, als ich ihm sagte, dass ich nicht mehr bei Auntie Chia wohnen wollte, weil sie und Mama ununterbrochen stritten. Ich mietete ein Zimmerchen mit Küche und Bad, kaufte zwei Matratzen, einen Tisch und einen Teppich, und wir zogen allesamt dort ein: Mama, Kiran, Tina und ich. Das war nicht viel im Vergleich zu dem Haus meiner Träume, wo man für jede Tätigkeit ein Zimmer zur Verfügung hatte: fürs Kochen, Schlafen, Tanzen, Ankleiden. Aber es hätte eine anständige Wohnung sein können, um dort in Ruhe und Frieden zu leben, wenn Mama nicht die Schwester von Auntie Chia, Huma, eingeladen hätte, bei uns zu wohnen. Sie war eine alte Frau mit einem jungen Liebhaber, herrschsüchtig, deren fixe Idee feste Zeitpläne waren und die einem Lehren zum Thema Sex erteilen wollte: unerträglich. Und es war sie, der ich das Geld geben musste, das ich Nacht für Nacht von Hemat bekam.

Unterdessen machte ich mit dem Tanzen weiter, ich tat es für mein Leben gern. Ich nahm Unterricht und wurde immer besser, die Männer bewunderten mich schon längst. Auch Shokat sah mich nun mit anderen Augen an, vielleicht, weil Nazia ihm mein Geheimnis verraten hatte, dass nämlich Hemat mich genommen hatte. Er sagte, er würde mich begehren, und mein Herz schlug heftig für ihn. Eines Abends führte er mich in ein Haus, aber er begann zu weinen, streichelte mich und sagte: »Du bist zu klein.« Ich war aufgewühlt und schämte mich zu sehr, um die Initiative zu ergreifen und ihn zu küssen. Es geschah nichts zwischen uns, weder an jenem Abend noch sonst irgendwann: Ein paarmal gingen wir mit Nazia und einem seiner Freunde aus, beinahe ein Jahr lang tauschten wir weiterhin zärtliche Blicke, bis er sich in eine andere verliebte und ich ihn nicht mehr wiedersah.

Monat für Monat verstrich. Ich war weiterhin mit Hemat zusammen, war inzwischen fünfzehn Jahre alt, hatte ein paar Kilo zugenommen, hatte endlich auch ein wenig Brüste, zog in eine größere Wohnung mit zwei Zimmern, und Hemat kam oft vorbei, um für mich und meine Familie zu kochen, er machte immer Hühnersuppe, aber von einem richtigen fetten Huhn, nicht aus Hähnchen, das ist eine Armenspeise in Pakistan. Das Geld, das er mir gab, blieb immer nur sehr kurz in meinem Besitz, und meiner Mutter rann es nur so aus den Händen: Sie gab es für Heroin aus. Mein Bruder begann mir allmählich seltsam vorzukommen, alles war ihm gleichgültig, oft nickte er ein: Später begriff ich, dass auch er mit der Droge angefangen hatte.

Auch ich fühlte mich seltsam, aber meine Symptome waren andere: Auf einmal fehlte es mir an Appetit, ich hatte auf nichts mehr Lust, ich hätte nur zu gerne ganz aufs Essen verzichtet. Aber es gab keine Zeit, um über diese Beschwerden nachzudenken, denn plötzlich starb die Großmutter, und wir mussten alle nach Kasur fahren.

Von den 159 Millionen Menschen, die nach Schätzungen der CIA (basierend auf der letzten Volkszählung von 1981) in Pakistan leben, sind 40 Prozent jünger als vierzehn Jahre, wohingegen die Alten über fünfundsechzig gerade einmal vier Prozent der Bevölkerung ausmachen. Die Massen von Kindern und Jugendlichen, die auf der Straße spielen oder betteln, ist für jemanden, der aus Europa kommt, unmittelbar erschütternd, während man kaum alte Menschen sieht. Die Lebenserwartung liegt weit unter der europäischen, deshalb werden alte Menschen sehr geliebt und respektiert, und wenn jemand von ihnen stirbt, wird sein Tod feierlicher betrauert als der eines Kindes.

Ich erinnere mich an einen ganz bestimmten Geruch, der mich bis heute verfolgt: Seife gemischt mit Duftöl, Räucherstäbchen und Rosen. Die Seife und das Duftöl dienten dazu, den Leichnam meiner Großmutter zu waschen, in allen Räumen waren Räucherstäbchen angezündet worden, und das ganze Haus war voller weißer Rosen. Seit jenem Tag ertrage ich keinen Rosenduft mehr.

Wenn in Pakistan jemand stirbt, der älter als hundert Jahre war, wird ein Fest gefeiert, und niemand darf weinen. Aber die Großmutter war vielleicht jünger als sechzig (bei uns weiß fast niemand sein genaues Alter, weil es nicht Sitte ist, die Geburten offiziell registrieren zu lassen), und um sie wurden viele Tränen vergossen. Die Totenfeiern für ein Familienmitglied sind in Pakistan eine große Verpflichtung, und sie sind auch sehr teuer. Sieben Tage nach der Bestattung muss man ein aufwändiges Essen für Verwandte und Freunde geben, zu dem ungefähr hundert Leute kommen, und dieses Bankett muss am vierzehnten, am dreißigsten und am vierzigsten Tag danach wiederholt werden. Und dann veranstaltet man am Jahrestag des Todes noch ein großes Fest, und die Eingeladenen kommen aus ganz Pakistan.

Wenn man sich kurz nach der Trauerzeit wiedertrifft,

kleiden sich nicht alle schwarz, aber es ist gute Sitte, Weiß oder dunkle Farben zu wählen – auf keinen Fall Rot! – und Schmuck und Make-up zu vermeiden. Es ist außerdem Brauch, dass Besucher fertig zubereitete Speisen mitbringen, denn vierzig Tage lang darf man in einem Haus, in dem es einen Todesfall gegeben hat, kein Feuer anzünden: Aber es gibt ohnehin Geschäfte, die auf Speisen für Familien in der Trauerzeit spezialisiert sind. Auch weil eine andere Pflicht, die unsere Religion uns auferlegt, darin besteht, 101 Armen einen Monat und einen Tag lang zu essen zu geben, und ohne diese Geschäfte ginge das gar nicht: Manche von den Almosenempfängern kommen direkt bei uns zu Hause vorbei, um sich das Essen zu holen, aber grundsätzlich ist es unsere Aufgabe, es zur Moschee bringen, wo sich die Ärmsten der Armen versammeln. In die Moschee gehen wir jeden Tag, um zu beten und um Schächtelchen mit Dattelsamen zu holen, die wir dann zu Hause auf einem Teppich zwischen den Verwandten ausschütten. Jeder hebt einen Samen auf und rezitiert eine Koransure; und wenn alle Samen aufgehoben sind, geht es von vorne los. So lange, bis am vierzigsten Tag die Kerze ausgeblasen wird, die an dem Ort, wo der Leichnam gewaschen wurde, gebrannt hat.

Auch Großmutter war Tänzerin gewesen, aber sie war es aus Zufall geworden. Genau wie ich war auch sie die Tochter einer Mutter, die ihre Kinder nicht zu schützen vermochte, und eine ältere Schwester, Beshira, kümmerte sich um sie. Sie waren in Indien geboren, in Kalkutta, und meine Großmutter muss ihr Land in ihrem Herzen bewahrt haben, denn sie übertrug meiner Mutter den Wunsch, den diese dann an mich weitergegeben hat: ab und zu zum Beten in einen Hindutempel zu gehen. Auch ich bin oft in einen *mander* gegangen: Anfangs jagten mir die ganzen Tierstatuen ein wenig Angst ein, aber dann verspürte ich große Heiterkeit in mir. Die Tempeldiener gaben mir Reis und Zwiebeln zu essen, und ich war beruhigt, auch wenn ich wusste, dass es für Moslems gefährlich ist, in Hindutempel zu gehen, man setzt sein Leben aufs Spiel.

Eines Tages, als die beiden Schwestern noch in Indien lebten, gingen sie sich eine Tanzshow ansehen: Eine Tänzerin trat auf, die später unter dem Namen Madam Noor Jehan eine berühmte Sängerin wurde. Meine Großmutter erzählte mir, dass ihre Schwester wunderschön war und ihre Haare bis zu den Waden reichten.

Noor Jehan war in Pakistan unglaublich populär, wie Maria Callas und Ella Fitzgerald zusammengenommen. Tatsächlich schaffte sie es, den traditionellen Gesangstechniken die Sensibilität und den Geschmack der heutigen Zeit beizumischen. Dazu kam noch die gewaltige Massenwirkung des Kinos, die aus ihr eine echte Diva machte.

Geboren wurde sie 1926, ihre erste Schallplattenaufnahme entstand, als sie fünf Jahre alt war, den ersten Film drehte sie mit zwölf und wirkte danach in unzähligen Filmen mit. Bei vielen führte sie auch selbst Regie. Sie lebte und arbeitete sowohl in Indien als auch in Pakistan, also in zwei zutiefst verfeindeten Ländern, aber, wie eine indische Zeitung schrieb: »Die Grenzen verschwinden, wenn eine Sängerin die Herzen diesseits und jenseits der Trennlinien erobert.«

Madam Noor Jehan starb mit vierundsiebzig Jahren, und Präsident Musharraf persönlich verlieh ihr den Titel »Königin der Melodie«.

Noor Jehan fand, Beshira könnte eine gute Ehefrau für ihren Bruder sein: »Ein schöner, edler und reicher Mann«, erzählte sie ihr. Es muss für das indische Mädchen eine herbe Enttäuschung gewesen sein, als sie merkte, dass man sie getäuscht hatte. Sie zog von Kalkutta nach Kasur und tauschte den relativen Wohlstand einer Familie von Zigeunern, die den Reichen stahlen, um es den Armen zu geben, gegen die Beschränktheit der Familie des Ehemannes ein, der weder edel noch reich war und von dem Geld lebte, das seine Töchter bei ihren Auftritten verdienten. Sie selbst, die an den Schleier gewöhnt war, sah sich gezwungen, sich wie eine Tänzerin vor unbekannten Männern zu zeigen. Vielleicht deshalb erkrankte sie bald und starb jung an einem Tumor.

Trotzdem waren die Tänzerinnen damals respektierter als heutzutage: Tanzen bedeutete nicht automatisch, sexuelle Angebote zu erhalten. Im Gegenteil, es war üblich, dass reiche Männer die Frauen ihres Hauses zu Tanzkünstlerinnen schickten, damit sie lernten, im Umgang mit Männern ihre Reize spielen zu lassen. Natürlich war damit auch für meine Großmutter der Weg vorgezeichnet: Sie brachten sie dazu, ihren Schwager, den Bruder des Ehemanns von Beshira, zu heiraten und ebenfalls Tänzerin zu werden. Sie war kein besonderes Talent, tanzte bis zum Alter von fünfunddreißig Jahren, hatte vier Kinder, ließ sich scheiden und bekam weitere drei Kinder von ihrem Liebhaber. In der letzten Zeit vor ihrem Tod war sie zu mir nach Karachi gezogen: Sie zitterte am ganzen Leib, machte in die Hosen, ich wusch sie, wofür sie mir sehr dankbar war und immer sagte: »Dein Leben wird noch einmal ganz anders werden.« Wie anders, hätte ich mir nicht vorstellen können.

Als mein Zyklus das erste Mal aussetzte, schrieb ich das dem Klimawechsel von Karachi nach Kasur zu. Das zweite Mal übersah ich es einfach in dem Durcheinander rund um den Tod meiner Großmutter. Beim dritten Mal begann ich mir Sorgen zu machen und beschloss, nach Hause zu fahren. Aber wir hatten kein Geld mehr: Es war bis zum Letzten ausgegeben, wir hatten es für die Totenfeiern verbraucht, oder es war für Stoff für meine Mutter draufgegangen. Ich verkaufte ein Goldkettchen, um die Fahrkarte bezahlen zu können. Die vorausschauende Kiran hatte zu Hause in Karachi zehntausend Rupien unter dem Teppich versteckt.

Abzutreiben erschien mir selbstverständlich: Viele Male hatte ich erlebt, wie meine Mutter es machte. Das erste Mittel, zu dem man mir riet – zwei Liter Milch mit Datteln so lange einkochen, bis nur noch ein Glas übrig ist, das man auf einen Zug austrinken muss –, nützte nicht das Geringste. In Karachi gab mir ein Doktor irgendwelche Pillen, von denen ich eine weitaus größere Dosis schluckte als vorgeschrieben: Aber auch die zeigten keinerlei Wirkung. Während ich weiter nach einer Abtreibungsmethode suchte, fing ich wieder zu tanzen an. Ein paar Tage nach meiner Rückkehr aus Kasur wurde ich eingeladen, bei einem Fest in einem Privathaus zu tanzen, das ein mächtiger Mann gab, ein Anwalt, der Mitglied der Regierung von Benazir Bhutto war. Es waren schöne Zeiten unter Benazir, es gab mehr Freiheit, es gab noch nicht all die Verbote, die danach eingeführt wurden. Und sie war eine gute Frau, alle, die für sie arbeiteten, sprachen gut von ihr. Eine sehr angenehme Frau, auch wegen ihrer lustigen Redeweise: Sie ist in Amerika aufgewachsen und spricht nicht sehr gut Urdu, sogar wenn sie nur *salaam alaikum* sagen muss, stolpert sie über die Worte. Der Anwalt, ein eleganter alter Mann, sandte einen Sekretär, um mir mitzuteilen, dass er Sex mit mir haben wollte. Höflich lehnte ich ab, der Sekretär aber bat mich, in das Zimmer des Anwalts zu gehen, um mit ihm zu sprechen. Aber der hatte gar keine Lust auf lange Reden.

Ich floh aus dem Zimmer, seine drei Wachtposten stürzten sich auf mich, beim ersten brutalen Schlag ins Gesicht fiel ich beinahe hin, aber dann kam das Schlimmste: Sie vergewaltigten mich einer nach dem anderen; als es mir gelang, mich zu befreien, lief ich auf die Straße und rief ein Taxi. Ich weiß noch, dass ich barfuß war und tränenüberströmt. Am nächsten Morgen ging ich ins Krankenhaus. Die Ärztin meinte, es sei alles in Ordnung, aber abtreiben würde ich nicht mehr können, die Schwangerschaft sei schon zu weit fortgeschritten.

So musste ich, mit fünfzehn Jahren im fünften Monat schwanger, mich schließlich mit der Vorstellung vertraut machen, dass ich bald ein Kind haben würde. Meine Tante Alia übernahm es, Hemat die Botschaft zu überbringen, der mich sofort abholen kam und mich dazu brachte, mit dem Tanzen aufzuhören: Wir verbrachten die ganze Nacht zusammen, redeten viel, und er umarmte mich von hinten, um dem Kind nicht wehzutun. Er ist immer wie ein Vater zu mir gewesen, aber mit jenem Tag wurde er es noch mehr. Ich dagegen erinnere mich, dass ich manchmal böse zu ihm war und ihn schlug. Er lachte dann, aber er hat nie die Hand gegen mich erhoben.

Er war ein Mann, der sehr wenig aß, aber er liebte es, Essen für andere zu kochen und sie zu umsorgen. Seit unserer ersten Begegnung habe ich nie wieder Leitungswasser getrunken, sondern immer nur Mineralwasser. Er wollte immer nur das Beste für mich, die raffiniertesten Speisen, die elegantesten Restaurants. Ich erinnere mich an einen Abend in Merin, einem Ort in den Bergen in der Nähe von Karachi: Wir saßen beim Abendessen, und draußen schneite es. Es war sehr romantisch, er bot mir die üppigsten Speisen an, aber seit ich schwanger war, hatte ich nur noch Lust auf Gemüse und aß am liebsten chinesische oder indische Gerichte. Manchmal nahm Hemat mich auf seine Dienstreisen mit: Einmal ging es in aller Eile nach Islamabad, ich hatte nicht einmal Zeit, eine Tasche zu packen. Abends kam er ins Hotel zurück, gefolgt von einem Diener mit den Armen voller Kleider, die er für mich gekauft hatte. Seine Zärtlichkeit für mich ging so weit, dass er mir allabendlich den Bauch mit Öl einrieb und mir vor dem Schlafengehen ein Glas Milch brachte.

Sogar meinen Launen gegenüber war er nachsichtig. Mit meiner Cousine Nazia stand ich in einem albernen Konkurrenzkampf, wer die schönsten Kleider und die schicksten Sachen hatte. Eines Tages schmollte ich, weil Nazia mit einer Uhr herumprotzte, die fünfhunderttausend Rupien gekostet hatte, und er sagte: »Komm, gehen wir Obst einkaufen.« Er parkte das Auto tatsächlich vor dem Markt, sagte, ich solle einen Moment warten, und kehrte kurz darauf mit einer Uhr zurück, die drei Mal so viel gekostet hatte wie die von Nazia.

Die Zuneigung und die Wertschätzung, mit der Fakhra noch heute über Hemat spricht, machen einen nachdenklich. Als eine Art Mischung aus Humbert Humbert [dem alternden Helden aus V. Nabokovs Roman Lolita] und Pygmalion [dem Bildhauer, der sich in sein eigenes Geschöpf verliebte] war Hemat ein Mann, der in einer Gesellschaft, in der eine Frau als das Eigentum ihres Vaters oder Ehemanns gilt (umso mehr, wenn dieser sie gekauft hat!), gegen den Mainstream gehandelt hat: Nicht nur, indem er sich eine Parallelfamilie aufgebaut hat, für die er Suppen kochte und Ausflüge mit Fakhras Kindheitsfreundinnen unternahm, sondern auch nach der Trennung, als er die Verantwortung für seinen Sohn auf sich nahm. Dieses Verhalten ist umso einzigartiger, wenn man bedenkt, dass die pakistanische Tradition den Frauen keinerlei Rechte garantiert. Und zu den alten Stammesgesetzen traten in den letzten Jahren noch die harten Vorschriften des islamischen Gesetzes, auch wenn der empörte Unterton, mit denen in Zeitungen und im Fernsehen von Ehrendelikten, Entschädigungsehen (ein Mann, der einen anderen umgebracht hat, heiratet die Tochter oder eine Schwester des nächsten Verwandten des Toten) oder Säureattacken die Rede ist, die Annahme erlauben, dass zumindest ein Teil der Gesellschaft mit diesen mittelalterlichen Praktiken nicht mehr einverstanden ist.

Ob Hemat mich liebte? Ich glaube schon. Zum Beispiel hatte er einmal einen Autounfall, und am Tag seiner Entlassung aus dem Krankenhaus ließ er sich sofort zu mir bringen. Offenbar war der Ort, wo er sich am besten fühlte, der Platz an meiner Seite.

Aber ich, ich liebte ihn nicht. Ich achtete ihn, die Anträge anderer Männer schlug ich aus, mir war klar, wie gut und großzügig er zu mir war … aber Liebe ist etwas anderes. Vielleicht war ich auch noch zu jung. Und er kam mir damals vor wie ein alter Mann: Ich war fünfzehn, er über fünfzig.

Es war kurz vor meinem sechzehnten Geburtstag, als Hemat eines Abends mich, zwei meiner Freundinnen, meine Schwester Kiran und eine weitere Freundin zum Essen ausführte. Wie immer wollte er, dass wir Masthuhn aßen, er meinte, das würde mir Kraft geben. Wir machten uns ein wenig Sorgen wegen der Geburt, die kurz bevorstand: Das Kind war sehr groß und mein Becken sehr klein. Der Arzt befürchtete, man werde wohl eingreifen müssen. An jenem Abend fühlte ich mich erschöpft, mir war irgendwie komisch. Aber als ich wieder zu Hause war, machte ich sauber und bekam dann wieder Hunger: Kiran machte mir einen Becher heißer Milch mit Äpfeln, und ich ging schlafen.

Wie ich schon gesagt habe, war Kiran eine gute Schwester, und noch heute telefonieren wir oft miteinander: Ich bin überglücklich, wenn ich ihre Stimme höre, die so weit weg ist. Und doch, in jenen Monaten, als Nauman in meinem Bauch heranwuchs, bereitete Kiran mir einen großen Schmerz. Ich hatte stets gehofft, sie würde einmal eine andere Zukunft haben als ich: Ich wollte, dass sie studierte, und darum hatte ich einen Lehrer eingestellt, der drei Mal in der Woche zu uns kam, und hoffte, sie würde eines Tages einen anständigen jungen Mann heiraten. Doch sie verliebte sich in Irfàn, der später ihr Ehemann wurde, ein Nichtsnutz, den Kiran aushielt, indem sie das Geld unterschlug, dass ich ihr für den Haushalt gab. Ich weinte viel und schlug sie auch: Aber sie war zu verliebt, um vernünftig mit sich reden zu lassen.

In jener Nacht vom 18. auf den 19. Mai erwachte ich

schweißüberströmt, als es noch dunkel war. Ich begriff, dass es bald so weit war. Ich wartete bis acht Uhr, um Kiran zu wecken, und musste ihr eine Ohrfeige geben, damit sie endlich die Augen aufbekam. Endlich gelang es uns – ihr, meinem Bruder Tina, meiner Mutter und mir –, ein Taxi zu bekommen, um in die Klinik zu fahren. Der Arzt meinte, das Kind würde gegen 10 Uhr morgens zur Welt kommen – meine Mutter begann sofort, mit lauter Stimme den Koran zu lesen –, aber Nauman erblickte das Licht der Welt erst um zwei Uhr nachmittags am 19. Mai. Er wog drei Kilo und war wunderschön rosig: Ich wurde mit fünfundfünfzig Stichen genäht. Er hatte außerdem zwei besondere Kennzeichen, die meine Mutter sofort bemerkte: Ein Mal – eine feine rote Linie, *mehram*, die senkrecht über seine Stirn lief – und ihm fehlte die Vorhaut: als wäre er schon beschnitten zur Welt gekommen. Sie sagte mir sofort, all das würde bedeuten, dass Nauman ein durch und durch besonderes Kind war. Tatsächlich zeigte sich sehr bald, dass er anders war als Gleichaltrige: Er war stets reifer und stärker im Umgang mit Schwierigkeiten. Ich glaube immer alles, was Nauman mir sagt, denn er ist ein ganz besonderer Sohn.

Hemat kam kurz nach der Geburt und brachte drei kleine Brillantringe mit, um sie nach alter Tradition dem Kind anzustecken, und eine große Menge Suppe für mich und alle, die mich besuchen kamen, den Krankenschwestern steckte er großzügig Geld zu und bezahlte noch ein Zimmer für Mama und Kiran. Als ich mit Nauman nach Hause kam, fand ich dort massenweise Babykleidung aus London und Paris, eine elektrisch betriebene Wiege, die die Armbewegungen einer Mutter simuliert, einen Kinderwagen und ein wunderhübsches Körbchen für Neugeborene.

Kurz nach Naumans Geburt kaufte ich ein Haus, und wir zogen alle zusammen in die Napier Road, das Viertel, in dem die Tänzerinnen wohnen: Eine Gegend, in der immer etwas los ist und die Geschäfte auch nachts geöffnet sind. So ist es nicht mehr, erzählt mir Kiran: Trotz des Vormarsches der Islamisten haben Alkohol- und Drogenkonsum in erschreckendem Ausmaß zugenommen, die Geschäfte müssen früh schließen, und die Polizei kontrolliert die Straßen, um Gewalttaten vorzubeugen.

Endlich wurde mein Traum Wirklichkeit: Dieses Haus war größer und schöner als alle zuvor, es hatte zwei Schlafzimmer, ein großes Wohnzimmer, zwei Bäder, Küche und Vorratskammer, es war klimatisiert und hatte Marmorböden. Mein Zimmer war cremefarben gestrichen, und an die Wände hatte ich große Fotografien von mir gehängt. Nauman hatte kein eigenes Zimmer: Er schlief dort, wo es sich gerade ergab, Kinder schlafen nicht gern allein. Das war wirklich ein glückliches Haus.

Zum ersten Geburtstag meines Sohnes beschlossen wir, ein großes Fest zu feiern und Verwandte und Freunde einzuladen. Zwei Tage vorher öffnete ich die Schublade, in der ich Geld und Schmuck aufbewahrte, aber sie war leer. Es war Tina gewesen. Wir hatten einen fürchterlichen Streit: Er war ein guter Junge, aber alle, die Heroin nehmen, werden zu Tigern, wenn sie ihre Dosis brauchen. Und manchmal wurde auch Tina zum Tiger.

Zwischen Freude und Schmerz nahm das Leben nach Naumans Geburt wieder seinen gewohnten Lauf. Ich begann wieder zu tanzen und verdiente gut, Hemat bezahlte mich schon seit einiger Zeit nicht mehr für jede Nacht, aber er ließ es mir an nichts fehlen. Mit ihm reiste ich zum ersten Mal in einem Flugzeug, ich aß zum ersten Mal Hummer, er brachte mir bei, wie man richtig geht, spricht, mit der Gabel isst und sogar mit Stäbchen, wenn wir ins chinesische Restaurant gingen. Ich lernte, mich wie eine Prinzessin zu benehmen, wenn wir elegant ausgingen: Aber oft machten wir lieber ein Picknick in seinem Haus am Meer. Dann kamen auch meine Freundinnen mit ihren Kindern, und wir nahmen Bier, Reis und Obst mit. Und wenn es anfing zu regnen, waren wir noch glücklicher. In Pakistan fährt man am liebsten dann ans Meer, wenn das Wetter schlecht ist, dann besteht nicht die Gefahr, dass man braun wird: Bei uns ist helle Haut besonders angesehen und die wichtigste Bedingung, um als schön zu gelten.

Eines traurigen Abends im Winter lud Hemat uns ins Restaurant ein: Dabei waren Kiran, mein Cousin Naved, Nazias Bruder, und ich hatte Nauman auf dem Arm, der erst ein paar Monate alt war. Da bemerkte Hemat auf einmal, dass an einem Nachbartisch eine schöne Frau im gelben Sari saß: Es war seine Ehefrau mit den Kindern. Er erhob sich von unserem Tisch und kam nicht mehr zurück. An diesem Abend reifte in mir der Entschluss, ihn zu verlassen.

Kurz nach meiner Ankunft in Rom erhielt ich eines Nachmittags einen Anruf von meinem Schwager Puli aus Pakistan, der mir die Nachricht von Hemats Tod überbrachte. Ich weinte lange und bat Gott um Verzeihung für die Schmerzen, die ich ihm bereitet habe.

Intermezzo

Ich, Kajal

Ich war allein. Und glücklich, es zu sein.

Mit sechzehn Jahren hatte ich plötzlich mein Leben selbst in der Hand. Zwar hatte ich viele Zweifel – war es richtig oder falsch gewesen, Hemat zu verlassen? –, aber ich war der Mittelpunkt einer kleinen Welt, die von mir abhängig war: mein Sohn, meine Mutter, meine Schwester, mein Bruder, die Dienstboten. Das heißt, ich war nie wirklich allein, im Gegenteil, es waren immer verschiedene Leute um mich, aber ich wusste genau, dass mein ganzes Leben noch vor mir lag. Wie eine Frucht, die noch nicht reif war; ich würde noch viele Erfahrungen machen und zahlreiche Entscheidungen zu treffen haben.

Aber im Hintergrund war immer noch Hemat, der jederzeit bereit war, einzugreifen. Er hatte lange geweint, als ich ihm sagte, dass ich nicht mehr mit ihm zusammen sein wollte – in Pakistan weinen die Männer, wenn sie Schmerz empfinden, was ist daran so seltsam? –, und wir trafen uns weiterhin. Er überhäufte unser Kind mit Geschenken und redete mir ins Gewissen, wie es ein guter Vater getan hätte: »Ich will nicht, dass du wirst wie Nazia«, sagte er. Längst wussten alle, dass meine Cousine hundert Liebhaber hatte.

Aber das Leben klopfte immer lauter an meine Tür. Ich

war schön geworden, das hörte ich von allen Seiten, und es gefiel mir, mich schön zu kleiden und jeden Tag ein anderer Mensch zu sein: Mein schwarzes Haar hatte ich kastanienbraun gefärbt, und häufig setzte ich farbige Kontaktlinsen ein, um hellere Augen zu haben. Meine Kleider zog ich zwei oder drei Mal an, danach warf ich sie weg.

Allein schon um Abstand zu Hemat zu gewinnen, nahm ich damals ein Angebot an, das man mir schon mehrmals gemacht hatte: Ein paar Wochen nach Dubai zu gehen, um dort in einem großen Hotel zu tanzen. Man sagt, es sei das luxuriöseste Hotel der Welt. Es erhebt sich über dem Meer wie ein riesiges Segel. Die Ankunft am Flughafen machte großen Eindruck auf mich: Ein riesiges Gebäude mit vielen Etagen, und in den Foyers wachsen echte Palmen. Wir waren acht Tänzerinnen, zwei Sängerinnen und vier Musiker, zwei Trommler, ein *baja* (eine Art kleines Klavier) und ein Saiteninstrument, das *shisha* heißt. In Karachi tanzte ich meistens zu Musik vom Band, und am liebsten mochte ich gefühlvolle Lieder, bei denen die Sprache der Hände besonders wichtig ist. Mit den Händen kann man »Regen« sagen, »Tränen«, »Scham«: Jedes beliebige Wort lässt sich mit den Händen ausdrücken, und mit den Tanzbewegungen kann man eine ganze Geschichte erzählen. Die Kunst einer Tänzerin drückt sich darin aus, sowohl die Geschichte verständlich zu machen als auch in ihren eleganten Bewegungen, die im Einklang mit der Musik stehen müssen.

Organisiert worden war die Reise von Papoo, einem habgierigen Verwandten von mir, der uns allen das große Geld versprochen hatte. Doch nach Abzug sämtlicher Spesen und seiner reich bemessenen Provision blieben jeder von uns am Ende der Reise nur wenige Rupien übrig. Und der Aufenthalt in Dubai erwies sich als Höllentrip.

Wir Mädchen wohnten jeweils zu dritt oder zu viert in einem Zimmer, um neun Uhr abends mussten wir in den Saal hinunter und dann bis fünf Uhr morgens auf den Beinen sein. Die Männer warfen uns echte Blumen oder welche aus Plastik zu, die wir gegen Geld eintauschen konnten. Kaum waren wir mit dick geschwollenen Beinen, die von dem Gewicht der *gungru* (am Unterschenkel hängende Glöckchen) furchtbar wehtaten, in unseren Zimmern angelangt, da ging es auch schon los mit den Anrufen von Männern, die Kontakte zu Mädchen suchten und uns Parfüm, Kleider, auf *pam*-Blättern ausgebreitete Speisen (*pam* ist eine in Pakistan sehr geschätzte Pflanze, die leicht berauschend wirkt) aufs Zimmer schickten. Oder auch einmal eine Schachtel Pralinen, in der sich ein Schmuckstück verbarg. Solange wir für die Tanzshows unter Vertrag standen, konnte nichts geschehen, aber am Ende dieser Zeit hatten wir fünfzehn Tage Urlaub. Und dann ging der Sexhandel los. Am begehrtesten waren die Jungfrauen, die noch halbe Kinder waren. Ich habe nie verstanden, warum die Männer so scharf auf Jungfrauen sind: Vielleicht erregt es sie, ein kleines Geschöpf unter sich zu haben, das vor Schmerzen schreit, und sie sich über ihnen benehmen können wie Tiere. Zu dem Kontakt kommt es aber nie direkt über das Mädchen: Die Männer richten ihren Wunsch an den Veranstalter, der sich mit den Eltern in Verbindung setzt, die dann den Preis aushandeln. Für eine Jungfrau werden, auch wenn sie hässlich ist, bis zu dreihunderttausend Rupien gezahlt, das sind um die dreitausendvierhundert Euro: In diesen

Ländern ist das eine enorme Summe. Von all dem Geld und den Schmuckstücken, die wir nach Hause brachten und die uns auch Männer geschenkt hatten, die im Gegenzug nichts bekommen hatten, blieb uns Mädchen fast gar nichts übrig: Eine Kette war für Mama, die dringend einen neuen Kühlschrank brauchte, eine weitere ging an die Tante, deren Sohn im Krankenhaus lag, eine an die Cousine, die sich ein neues Kleid wünschte, und so weiter ... Das Geld, das eine Tänzerin verdient, muss in der ganzen Familie aufgeteilt werden.

Zurück in Karachi, begann ich wieder in den »Gesangs- und Tanzpalast« zu gehen, in den auch Auntie Chia regelmäßig kam. Sie war es, die mir eines Abends sagte, da sei ein Mann, der mich besitzen wollte: »Ein schöner Mann, um die dreißig, geh nur mit ihm.«

»Das nächste Mal vielleicht«, gab ich zur Antwort. Eine Frau sollte sich nie sofort hingeben.

Der Name dieses Mannes war Nadim, und attraktiv war er ganz bestimmt. Am nächsten Tag war er wieder da. »Es geht nicht, ich habe meine Tage«, ließ ich ihm ausrichten. Am darauffolgenden Tag fuhr ich nach Kasur, und bei meiner Rückkehr berichtete Mama, er sei bei uns zu Hause vorbeigekommen und habe nach mir gefragt. Ein schöner Mann, der vielleicht in mich verliebt, ganz sicher aber interessiert an mir war: Warum sollte ich ihn weiter zurückweisen? Als wir zum ersten Mal Sex miteinander hatten, gab er mir hunderttausend Rupien, und als ich nach Hause kam, rief er an und sagte: »Du fehlst mir.«

Ich weiß, dass man im Westen schlecht von einem

Liebesverhältnis denkt, das an Geld geknüpft ist, aber in Pakistan ist die Angelegenheit etwas verwickelter. Echte Prostitution gibt es natürlich auch, und in dem Fall ist der Deal sonnenklar: Der Mann hat eine festgelegte Summe zu zahlen, und die Frau verweigert sich nie. Tänzerinnen aber sind keine Prostituierten, sie können einen Bewerber erhören oder zurückweisen: Und einige von ihnen haben sehr gute Ehen geschlossen. Bei uns gelten teure Geschenke als Liebeserklärungen: Wenn ein Mädchen aus guter Familie von ihrem Verlobten nicht häufig Geschenke in Form von wertvollem Schmuck oder eines Autos bekäme, hätten die Eltern Anlass zur Beunruhigung: »Warum gibt er dir nichts? Bist du ihm nichts wert?« Bei uns wird der Grad der Liebe in Karat gemessen. Oder auch in Tausend-Rupien-Scheinen. Wenn man sich unter Verwandten und Freunden etwas schenkt, zum Beispiel zu Hochzeiten oder Geburten, ist es üblich, Geld zu schenken, nur sehr selten Gegenstände.

Nadims leidenschaftliche Worte und seine Großzügigkeit schmeichelten mir. Mir war gleich klar, dass ich alles von ihm verlangen konnte und er sofort bereit war, mir jeden Wunsch zu erfüllen. Ich sagte: »Ich will shoppen gehen«, und er kam mit und kaufte auch für meine Familie Kleider, ich sagte: »Der Kühlschrank ist kaputt«, und nach kurzer Zeit wurde uns ein neuer Kühlschrank nach Hause geliefert. Als ich nach Lahore reiste, begleitete er mich, wir übernachteten in einem großen Hotel, und auf dem Heimweg hatte ich drei oder vier Kinder im Schlepptau, die Kinder meiner Tanten. Er gab Geld aus, als wären es welke Blätter.

Bald aber fing ich an, Vergleiche zwischen ihm und Hemat zu ziehen. Auch Hemat war reich und behandelte mich wie eine Prinzessin: Aber er war ein Mann von Klasse, Nadim nicht. Hemat hatte mir beigebracht, ein eigenes Leben zu führen, mich gesittet zu benehmen, während Nadim als der Sohn eines Geldwechslers eine eher niedrige gesellschaftliche Stellung hatte.

Mit ihm veränderte ich mich und fand zum ersten Mal in meinem Leben Gefallen daran, das kleine Luder zu spielen. Oder besser gesagt, ich benahm mich halb wie eine Frau und halb wie ein kleines Mädchen. Noch heute macht es mir Spaß, die Leute ein bisschen an der Nase herumzuführen, aber ich bin mir bewusst, dass meinem Verhalten Nadim gegenüber eine Prise weiblicher Grausamkeit beigemischt war. Ich sagte ihm zum Beispiel: »Ich komme sofort zu dir«, und ging dann gar nicht hin. Er lud mich in irgendein Luxusrestaurant zum Abendessen ein, ich ging auch hin, hatte aber ein Dutzend Freundinnen im Schlepptau. Wenn wir in ein Hotel gingen und er bereits nackt und erregt war, floh ich lachend ins Badezimmer und schloss mich dort für gute zwei Stunden ein. Er sagte mir: »Mein größter Traum ist, dich zu heiraten«, und ich machte mich über ihn lustig und setzte ihm in den Kopf, er sei hässlich. Erst war ich zuckersüß zu ihm, und von einem Moment auf den anderen behandelte ich ihn schlecht. Und beim nächsten Mal war ich noch gemeiner. Ich hatte gemerkt, dass er verrückt nach mir war, und trieb meine Forderungen immer weiter, wie um herauszufinden, wie weit meine Macht wohl reichte. Nadim tat alles, um meine Wünsche zu befriedigen, und manchmal erzählte er mir, er würde seinen Vater bestehlen, um das Geld mir zu geben: Und wenn ich nicht zufrieden war, schlug ich ihn. Richtige Schläge ins Gesicht, nicht einfach nur Klapse.

Ich war zwei Jahre mit ihm zusammen und bemühte mich dabei, meinen Körper so wenig wie möglich anzustrengen. Der arme Junge, als Mann war er wie ein Spielzeug für mich, und ich behandelte ihn miserabel. Seine liebevolle Fürsorge, als er im Krankenhaus an meiner Seite war, rechne ich ihm hoch an; er hat auch meiner Familie sehr geholfen.

Vielleicht ließ ich an ihm meine Schuldgefühle aus, weil ich Hemat verlassen hatte, der mir entsetzlich fehlte. Als er erfuhr, dass ich mit Nadim zusammen war, weinte er bitterlich. Er fragte, ob er mich noch anrufen dürfte, und ich erlaubte es ihm ohne Zögern. Nie aber versuchte ich zu ihm zurückzukehren: Die Begegnung mit seiner Ehefrau im Restaurant hatte ein Gleichgewicht zerstört, das über Jahre gehalten hatte.

Im Haus an der Napier Road nahm das Leben recht undramatisch seinen Lauf, aber ganz ohne Probleme ging es doch nicht ab.

Abends ging ich oft tanzen, aber meistens in Hotels oder in die Häuser reicher Familien, seltener in den Gesangs- und Tanzpalast. Schließlich war ich inzwischen eine bekannte Tänzerin und konnte mir aussuchen, wo ich meine Auftritte hatte. Man kannte mich eher unter meinem Künstlernamen Kajal als unter meinem echten Namen: Denn in dem vergeblichen Versuch, so schön zu werden, wie es meine Mutter einmal gewesen war, schminkte ich mir die Augen immer überreichlich mit Kajal (was bei uns wie »kàdschal« ausgesprochen wird).

Die Abende endeten meistens erst gegen fünf Uhr morgens, weil es mir zur Gewohnheit geworden war, nicht vor Sonnenaufgang schlafen zu gehen: Und wenn ich nicht tanzte oder mich mit Nadim traf, verbrachte ich die Zeit mit meinen Freundinnen beim Kartenspielen oder bei der *tambòla*, das ist dasselbe wie bei euch eine Tombola. Dementsprechend stand ich nie vor ein Uhr mittags auf. An manchen Tagen weckte mich eine Frau, die wir Hammà nannten, Madame, die aber in Wirklichkeit eine Dienstbotin war und kam, um mir die immer vom Tanzen geschwollenen Füße zu massieren. Oft schickte ich sie wieder weg und murmelte nur: »Geh zu Kiran, lass mich schlafen.« Wenn ich mich endlich durchringen konnte, aufzustehen, trank ich eine Tasse *tchai* – das, was ihr Tee nennt – und aß etwas Gebäck oder die Reste vom Vorabend, oder Hackfleisch mit Erbsen, eines meiner Lieblingsgerichte, das Kiran für mich kochen ließ. Ich habe immer wenig und unregelmäßig gegessen. Als Tänzerin sollte man besser dünn sein.

In dieser Zeit arbeitete ich auch als Schauspielerin beim Film. Im ersten Film mit dem Titel *Der Alte pfeift sein Liedchen* spielte ich die Schwester des Protagonisten, wurde vergewaltigt und dann aus einem Hubschrauber geworfen: Mein Bruder wurde daraufhin zum wilden Tier und tötete alle. Kein guter Film, aber die Produktionsphase war eine lustige Zeit, wenn auch sehr anstrengend: Ich musste um acht Uhr morgens aus dem Haus, für mich an sich eine unmögliche Uhrzeit, wenn ich gerade einmal drei Stunden vorher ins Bett gekommen war, um dann stundenlang in der prallen Sonne zu arbeiten.

Bald nachdem dieser Film abgedreht war, trat ich im Theater auf, in einem Stück ähnlich wie *Beautiful*, gemeinsam mit meiner Schwester Kiran, die die Hauptrolle spielte. Ich war ihre Dienerin, die davon träumte, Tänzerin zu werden. Beim zweiten Film bin ich dann mitten während der Dreharbeiten gegangen, weil der Regisseur sich an mir vergreifen wollte. Ich habe es nicht bereut, weil eine Arbeit wie die beim Film mir weit weniger Befriedigung verschafft als das Tanzen.

Nauman war damals zwei Jahre alt. Vormittags war ein Mädchen da, das sich um ihn kümmerte, aber auch meine Schwester Kiran sprang ein, wofür ich ihr heute noch dankbar bin. Aber die Nachmittage waren ganz der Mama vorbehalten: Schmusen und Einkaufen gehen. Märchen konnte ich ihm nicht erzählen: Ich kannte keine, weil niemand mir je welche erzählt hatte.

Ich überhäufte ihn mit Spielsachen, wie ich Kiran mit neuen Kleidern überhäufte: Mir schien, das wäre meine Pflicht, so als wollte ich mit jedem Geschenk sagen: »Ich lasse euch nicht im Stich.« Ich habe mich immer für meine Familie verantwortlich gefühlt: Schon als ich noch klein war, zählte ich immer wieder und wieder das Geld, das wir gerade im Haus hatten, und immer kam es mir vor, als würde es hinten und vorne nicht reichen, und ich fragte mich bang, wie man welches verdienen sollte. Erst seitdem ich in Italien bin, habe ich begriffen, dass Zeit das Wichtigste ist, was man Kindern geben kann.

Ich habe anderen immer gerne geholfen: Zum Beispiel

der Hammà oder anderen Leuten, die ich kaum kannte und die zu mir kamen, um Geld für einen kranken Sohn oder die Hochzeit der Tochter zu erbitten. Uns Tänzerinnen passiert es oft, dass man sich an uns wendet, wenn man in Schwierigkeiten ist. Wir sind in einer sonderbaren Situation: Man bewundert uns, wir sind gefragt, die Männer begehren uns, die Armen segnen uns, und die »anständigen« Leute halten sich von uns fern. Zwar gelingt es manchmal einer Tänzerin, eine gute Partie zu heiraten: Aber meistens versuchen die reichen Eltern mit allen Mitteln, eine ernsthafte Bindung ihres Sohnes mit einer von uns zu verhindern.

Wie ich schon gesagt habe, blieben die Probleme nicht aus. Mama versuchte gar nicht erst, vom Heroin wegzukommen, und mein Bruder Tina, den ich regelmäßig ins Krankenhaus zum Entzug brachte, verfiel der Droge immer wieder von neuem. Mama war klapperdürr geworden: Wenn sie die Droge genommen hatte, war sie freundlich und guter Stimmung, das Haus war aufgeräumt, und sie kam manchmal sogar noch zu mir, um mir eine Kopfmassage zu machen. Aber wann immer sich die Entzugserscheinungen dem Höhepunkt näherten, wurde sie bösartig und sagte: »Du tust überhaupt nichts für uns«, oder: »Deine Cousinen leben nur für ihre Familie, und du hast dieses Haus gekauft und wäschst dir die Hände in Unschuld, du lebst nur für dich allein.« Danach ging sie dann für zwei oder drei Tage weg. Ich weinte, raufte mir die Haare, ohrfeigte mich selber. Sorgen zerfraßen mich, ich schickte Leute aus, um sie zu suchen, manchmal ging auch Nauman mit, aber wenn er sie fand, sagte sie: »Geh mir aus den Augen, du böses Kind, Sohn einer bösen Mutter.«

An den schwärzesten Tagen trösteten mich nur Gebete. Manchmal verfrachtete ich meine ganze Familie in ein Auto und fuhr sie zur Sevan-Cherif-Moschee, die sieben Stunden von Karachi entfernt liegt. Dort nahm ich ein Zimmer und blieb zwei Tage: Ich bat Allah, mir zu verzeihen, weil ich Sex mit Männern hatte, dankte ihm für alles, was er mir gab, und fuhr dann gestärkt wieder nach Hause. Oder ich ging in Karachi ins *mazar* (das ist der Gebetsraum für die Frauen, der für die Männer heißt *madjid*) von Gazi Abdullah Shah: Ich bin dort auch nach der Verätzung hingegangen und habe immer Ruhe gefunden. Ich betete schweigend, weil ich die Worte des Koran nicht kenne: Niemand hat sie mir je beigebracht. Ich wandte mich an Gott, den wir Schiiten Udah nennen – Allah ist ein arabisches Wort –, und bat ihn um Hilfe. Wenn ich heute in Rom in eine Kirche gehe, bete ich, ohne Gott einen Namen zu geben. Er hilft mir trotzdem, und ich komme mit neuer Kraft wieder nach Hause.

Meine ganze Kraft brauchte ich auch, um mich dem zu stellen, was für mich ein kleines Drama gewesen ist: Kirans Heirat. Kiran hatte sich in einen Mann verliebt, der mir nicht gefiel, weil er in dem Ruf stand, gewalttätig zu sein: Mit dem Wissen und der Billigung meiner Mutter – der sie leider das Geld weiterreichte, das ich ihr für den Haushalt überlassen hatte und das unweigerlich in Heroin umgesetzt wurde – ließ sie Irfàn häufig in unserem Haus schlafen und wurde schließlich schwanger. Als ich das erfuhr, verprügelte ich Kiran so lange, bis ich nicht mehr konnte und es ihr schlechtging, und verbot ihr, den Jungen noch einmal zu treffen: Erreicht habe ich damit bloß, dass sie nichts mehr aß und von morgens bis abends nur noch weinte.

Meine Schwester war so fest entschlossen, Irfân zu heiraten, dass mir keine andere Wahl blieb, als den Imam zu rufen. Kiran legte ein schönes rotes Gewand an, und die Hochzeit wurde unter vielen Tränen gefeiert. Tränen der Rührung natürlich, aber von meiner Seite waren es auch Tränen des Schmerzes. Ich hing sehr an Kiran, und der Gedanke, sie fortgehen zu sehen, machte mir sehr zu schaffen. Ganz zu schweigen von den Sorgen, dass sie in einer Familie leben würde, die so ganz anders als unsere war. Die Zukunft sollte meine Bedenken hinsichtlich dieser Ehe bestätigen: Ihre Schwiegermutter war eine hartherzige Frau, die Kiran eines Tages mit einem Stuhl bedrohte, sie verbot ihr, allein auszugehen, und versuchte sie auf jede erdenkliche Art von mir fernzuhalten ... außer natürlich, dass sie sie dazu drängte, mich andauernd um Geld anzugehen, da Puli sich damals mit Gelegenheitsjobs über Wasser hielt.

Schon seit einigen Monaten trafen Nadim und ich uns regelmäßig im Hotel: Und kurz vor Kirans Hochzeit beschlossen wir zusammenzuziehen. Er mietete eine Wohnung in Clifton an, dem Nobelviertel von Karachi, das direkt am Meer liegt und in dem auch Benazir Bhutto wohnte. Endlich war mein Traum wahr geworden. Das war nun wirklich ein schönes, großes Haus mit Klimaanlage, drei Schlafzimmern, drei Bädern, einem großen Salon, einer Terrasse ... Nadim fuhr mit mir in ein Möbelgeschäft und sagte: »Such dir aus, was du willst.« So kaufte ich einen großen Kleiderschrank mit von oben bis unten verspiegelten Türen für das Schlafzimmer, außerdem eine Lampe, deren Keramikfuß wie eine nackte Frau gestaltet war. Auch Nauman bekam einen großen Schrank voller Spielsachen. Mamas Zimmer war ebenfalls wunderschön, mit vielen Kissen auf dem Fußboden. Unsere Gegend war ruhig, oft fuhr ich mit Nauman und anderen Kindern mit dem Fahrrad herum. Es war eine fröhliche und unbeschwerte Zeit in diesem Haus, in dem Nauman überall herumpurzelte und da schlief, wo es ihm gerade gefiel.

Ein ständiges Ärgernis war allerdings, dass ich immer wieder aufs Polizeirevier bestellt wurde. In Pakistan ist es anders als in Italien, wo man dir sofort sagt, wieso du zur Polizei musst. Bei uns musst du hingehen, wann immer es ihnen beliebt, dich dorthin zu rufen. Und der Revierchef hatte offenbar ein Auge auf mich geworfen. Als ich ihm zu verstehen gab, dass ich von seinen Avancen nichts wissen wollte, rächte er sich mit einem Polizeibericht, in dem stand, dass ich und Nadim durch öffentlichen Geschlechtsverkehr Ärgernis erregt hatten. Diese Anschuldigung war so offensichtlich aus der Luft gegriffen, dass ich eigentlich dachte, man würde mich am nächsten Tag nach Hause schicken: Aber nein, erst nach 15 Tagen durfte ich wieder gehen.

Wie in vielen anderen Ländern der Dritten Welt ist auch in Pakistan die Polizei chronisch unterbezahlt und dementsprechend anfällig für Korruption. Auch der stets kundige Lonely Planet warnt: »Sich an die Polizei zu wenden, wenn man ein Problem hat, ist das Letzte, was man tun sollte.«

Im April 2004 wurde eine Aktion zur Rekrutierung von Polizisten gestoppt, nachdem zahlreiche Berichte über Arbeitslose in den Zeitungen erschienen waren, die gewaltige Summen ausgegeben, teilweise sogar ihre Wohnungseinrichtung verkauft hatten, weil sie geglaubt hatten, bei der Auswahl unter fünftausend Bewerbern um dreihundertachtundsechzig Stellen erfolgreich zu sein.

Pakistanische Polizisten bekommen nicht nur einen Hungerlohn, sondern verfügen durch die neuen restriktiven Sittengesetze über einen Ermessensspielraum, bei dem Übergriffe vorprogrammiert sind. Wenn beispielsweise ein Junge und ein Mädchen, die nicht in Begleitung eines Verwandten sind, gemeinsam auf der Straße angetroffen werden, müssen sie theoretisch ins Gefängnis gebracht werden.

Diese Zeit glich einem sonderbaren Zwischenspiel in meinem Leben. Sie steckten mich in einen großen Raum mit fünfzehn anderen Frauen, größtenteils aus Afrika, die Drogen schmuggelten, indem sie sie verschluckten. Es gab zwei oder drei Toiletten, jede hatte ihre eigene Pritsche, und sonderlich schmutzig war es auch nicht. Ich kann nicht sagen, dass es eine sehr aufwühlende Erfahrung war: Bei uns landen auch anständige Leute mir nichts, dir nichts im Gefängnis, es reicht zum Beispiel, wenn du bei der Polizei um die Genehmigung bittest (und natürlich ein großzügiges »Trinkgeld« hinterlässt), eine Party zu feiern, und schon sitzt du im Knast.

Manche Leute werden in Pakistan ins Gefängnis gebracht, weil man sie draußen umbringen würde. Das sind meistens reiche Leute, und bei uns kannst du, wenn du das Geld dazu hast, im Gefängnis genauso gut wohnen, als wärst du bei dir zu Hause: Mit zwei oder drei Zimmern, Klimaanlage, Dienstmädchen, Kühlschrank,

Mobiltelefon, Alkohol und Sex. Bei uns gibt es keine eindeutigen Gesetze, und wenn doch, dann können die, die es sich leisten können, sie auch umgehen. Vor ein paar Jahren kam ein Mann ins Gefängnis, der kleine Kinder verführte, vergewaltigte und dann in Säure auflöste. Er hatte hundert Kinder getötet. Im Gefängnis blieb er gerade einmal drei Jahre. Danach wurde er entlassen, und jetzt läuft er wieder frei im Land herum.

Als ich im Gefängnis war, mussten wir tagsüber Wäsche waschen, für uns kochen und Waren von den Lieferwagen abladen, die bei der Polizeistation vorfuhren. Das mussten alle tun bis auf mich. Wieder einmal hatte Hemat, der in der Zeitung von meiner Festnahme gelesen hatte, seine Hände im Spiel, und wieder einmal durfte ich mich wie eine Prinzessin fühlen. Jeden Tag traf ein Korb voller Leckereien und Schachteln mit Gebäck, die Geld enthielten, für mich ein. Das war nützlich, um zum Beispiel den »Gesprächsraum« zu umgehen, eine Art Käfig, wo zwei- oder dreihundert Menschen auf einmal reden bzw. brüllen, um sich verständlich zu machen, und rempeln und drängeln, um möglichst dicht an das Holzgitter zu gelangen. Hemat, diese Seele von einem Mensch, ging jeden Tag mit Nauman spazieren und brachte auch die Million Rupien auf, die ich benötigte, um auf Kaution freizukommen. Ob aus Gewohnheit oder aus Sorglosigkeit, jedenfalls behielt ich das Geld, das ich bekam, nie bei mir: In Pakistan ist es Tradition, dass alles, worüber die Kinder verfügen, den Eltern überschrieben wird. Ich hatte kein Bankkonto, weil ich mich dafür nicht interessierte: Ich gab alles meiner Mutter oder meiner Schwester und behielt für mich nur das Geld, das ich brauchte, um

Kleider zu kaufen. Weil meine Mutter damals noch nicht vom Heroin losgekommen war, hieß das leider, dass wir nie Geld auf der hohen Kante hatten.

Während der Zeit im Gefängnis lernte ich einen jungen Polizisten kennen, Badar Khan, einen netten Kerl, der mir verliebte Blicke zuwarf. Als ich wieder zu Hause bei Nadim war, ging ich einen Samstag Abend, wie es sich manchmal traf, mit ein paar Freundinnen in mein Haus in die Napier Road, um dort ein paar Stündchen miteinander zu plaudern. Auf dem Weg trafen wir Badar mit einem Freund, aßen gemeinsam zu Abend und blieben bis in die frühen Morgenstunden auf, ohne dass irgendetwas zwischen uns gewesen wäre. Badar war ein einfacher Mann voller Ehrgefühl, er hätte es niemals gewagt, die Initiative zu ergreifen. Er war arm, weil er nicht im Kreis der »Trinkgeldempfänger« war, aber er beschwerte sich nie über seine Lage. Im Gegenteil, er war immer gut gelaunt und immer zum Lachen aufgelegt.

Als ich nach Hause kam, war Nadim miserabel gelaunt.

»Wo bist du gewesen?«

»Ich habe mich mit meinen Freundinnen unterhalten, und außerdem mit Badar und einem Freund von ihm.«

Das Gespräch drohte in eine Eifersuchtsszene umzukippen.

»Was habt ihr gemacht?«

»Nichts. Es ist absolut nichts passiert. Wenn irgendetwas zwischen mir und Badar wäre, würde ich mit ihm zusammenleben.«

»Du bist nicht schön genug, als dass alle Männer bereit dazu wären, mit dir zusammenzuleben.«

»Bist du dir da ganz sicher? Wart's ab, du wirst schon sehen.«

Voller Zorn ging ich auf die Straße und rief Badar von einer Telefonzelle aus an: »Heiratest du mich?« fragte ich ihn.

Verdattertes Schweigen am anderen Ende. Und dann, mit ganz heiserer Stimme: »Was sagst du da? Machst du Witze oder bist du verrückt geworden?«

»Sag mir nur: Ja oder nein.«

»Ich mache alles, was du willst.«

Mit dem Sieg in der Tasche, aber immer noch wutschnaubend über Nadims verächtliche Bemerkung ging ich zurück ins Haus, holte Nauman und zog, ohne auch nur einen Koffer zu packen, zu Badar.

Wie erwartet hatte Badar ein ärmliches Zuhause, aber seine Familie war viel frömmer, als ich es mir hatte vorstellen können: Sein Vater war ein alter Mann mit weißem Bart und zwei Ehefrauen, einer älteren und einer jüngeren, die Badars Mutter war. Zwei Geschwister lebten auch noch dort, eine Schwester und ein Stiefbruder. Die Frauen legten die *burqa* an, wenn sie das Haus verließen, und die ganze Familie betete fünf Mal am Tag.

Eine so plötzliche Eheschließung konnte einer derart traditionellen Familie nicht gefallen, aber um die Wahrheit zu sagen, waren alle sehr freundlich zu mir: Einer der Brüder ging einen Mullah holen, die Schwester borgte mir ein rotes Kleid und legte mir einen ebenfalls roten Schleier übers Haar. Während sich mir beim Gedanken an den unüberlegten Schritt, den ich getan hatte, der Magen zusammenkrampfte, bereiteten die anderen das

Hochzeitsmahl zu, bei dem ich und Badar aus derselben Schüssel würden essen müssen. Für Braut und Bräutigam wurden je drei Trauzeugen unter Badars engsten Verwandten ausgewählt, kurz darauf traf der Mullah ein, rezitierte ein paar Koranverse und schloss: »Nun seid ihr Mann und Frau.« Als ich mich kurz darauf im Spiegel erblickte, war ich bleich wie eine Wachspuppe.

Mir war klar, dass ich eine Kurzschlusshandlung begangen hatte, nur um Nadim eins auszuwischen. »Was hab ich getan? Was wird meine Mutter sagen? Sie wird böse sein, dass ich einen armen Mann geheiratet habe! Und wie werden es Badars Eltern aufnehmen? Es war ihr Wille, dass er seine Cousine heiratet! Sie ist ein sehr frommes Mädchen, das die *burqa* trägt! Wie werden sie jemals eine Tänzerin akzeptieren können?« In äußerster Sorge grübelte ich über all das nach: Aber die Freundlichkeit, mit der mich alle an jenem Tag behandelten, und Badars Zärtlichkeit in der folgenden Nacht, die liebevolle Aufnahme der Frauen aus der Nachbarschaft, die kamen und mir Geld zur Hochzeit schenkten, ließen meine Besorgnis schwinden.

Als ich am nächsten Morgen um neun Uhr aufstand, traf ich Badars Schwester, die gerade Wäsche waschen ging: Im Haus gab es keine Waschmaschine. Sie lächelte mir zu und hielt mir eines ihrer Kleider hin: Es war rot.

»Nein, heute ein graues oder weißes«, sagte ich.

»Wie denn, am Tag nach der Hochzeit?« Sie war sehr erstaunt, aber brachte mir bereitwillig ein anderes Kleid.

Auch einer von Badars Brüdern war sehr nett zu mir und nahm mir manchmal Nauman ab, indem er ihn morgens zur Schule begleitete. Es war eine Koranschule, eine sunnitische *madrasa*, und das war mir, einer Schiitin, nicht ganz geheuer. Aber grundsätzlich fand ich es eine gute Sache, wenn er zur Schule ging, und außerdem kam es einer kleinen Schwäche von mir entgegen: Seit Jahren war ich nun gewohnt, den ganzen Morgen zu verschlafen, während die anderen jeden Tag um sieben Uhr aufstanden.

Badar nahm Urlaub, um mir so nahe wie möglich zu sein. Es ging mir gut mit ihm, weil er auf jede nur erdenkliche Weise versuchte, mir zu gefallen und mich zu befriedigen. Er war – und ist – ein guter und ehrlicher Mann und ist deswegen auch nicht reich. Er hatte kein Auto, sondern nur ein Moped, mit dem er mich allabendlich in den Park fuhr, wo er mir die Gedichte von Iqbal vorlas, von denen ich kein Wort verstand.

Allama Mohammed Iqbal war zugleich Dichter (der sowohl auf Urdu als auch auf Farsi schrieb, der Sprache, die im Iran gesprochen wird), Philosoph, Rechtsgelehrter und politische Persönlichkeit. Geboren wurde er 1877, als Indien auch noch die Gebiete des heutigen Pakistan und Bangladeschs umfasste und zum britischen Empire gehörte. Er machte seinen Universitätsabschluss in Lahore (die Stadt benannte kürzlich ihren Flughafen ihm zu Ehren) und studierte danach in Oxford und München. Nach seiner Rückkehr nach Indien trat er der All India Muslim League bei und wurde ein militanter Aktivist, während sich gleichzeitig sein Ruhm als Dichter verbreitete. 1930 hielt er in Allahabad eine berühmt gewordene Rede, in der die vor Begeisterung rasende Menge erstmals den Traum eines unabhängigen islamischen Staates vorgestellt bekam.

Iqbal starb 1938, neun Jahre bevor sein Traum, wenngleich in einem grauenhaften Blutbad, Wirklichkeit wurde. Im Zuge der

»Partition«, der Teilung von Indien und Pakistan, fand etwa eine Million Menschen den Tod, sechs Millionen Menschen flohen von einem Land ins andere, und um Mitternacht des 14. August 1947 schlug die Geburtsstunde Pakistans. Das bedeutet »Land der Reinen« und ist zugleich eine Zusammensetzung der Anfangsbuchstaben der Regionen Punjab, Afghan, Kashmir und Sind sowie »stan«, das »Land« bedeutet.

Es amüsierte mich, wie sehr Badar sich bemühte, modern zu erscheinen und den englischen Sitten zu entsprechen, wie es bei uns in den höheren Gesellschaftsschichten üblich ist: Er hatte sogar angefangen, seine Mutter auf Englisch »Mum« zu nennen, wenn ich dabei war, während er, kaum dass ich mich entfernte, sofort zum Urdu-Wort »Ma« zurückkehrte, das er immer benutzt hatte. Wenn er mir einen Wunsch von den Augen ablesen wollte, etwa, indem er mich zum Essen ausführte, kümmerte er sich nicht um das Murren seiner Familie. Einmal ging er sogar so weit, ein wirklich großes Risiko einzugehen: Er kam mit dem Film *Pretty Woman* auf Videokassette nach Hause. Wir schlossen uns im Schlafzimmer ein, drehten den Ton ganz leise und sahen ihn uns an wie zwei Verschwörer. Im pakistanischen Kino sind Küsse auf den Mund verboten, und alle westlichen Filme sind zensiert: In den pakistanischen Filmen ist ständig von Liebe die Rede, aber zu sehen bekommt man nie etwas. Man stelle sich vor, Badars Vater hätte herausgefunden, dass wir einen derart skandalösen Film gesehen hatten! Manchmal gingen wir, ohne dass meine Schwiegereltern davon wussten, auch ins »richtige« Kino, wo die großen amerikanischen Filme gezeigt werden: Jedenfalls nicht in die Kinos, die von den ärmsten Einwanderern besucht werden, wo ein normaler Film ständig von Pornofilmen unterbrochen wird, die Männer mit Strichjungen herumfummeln und sich dabei vorstellen, ihr Mund wäre der einer Frau.

Trotz der Freundlichkeit der Geschwister und der Liebe, die mir Badar entgegenbrachte, war und blieb die Situation heikel, vor allem wegen des alten Vaters: Ich hatte eingewilligt, den Schleier zu tragen, wenn ich das Haus verließ – »tu es für mich«, hatte Badar gesagt –, aber ich durfte mich auch nicht mehr schminken, mir noch nicht einmal die Augenbrauen zupfen. Ich versteckte mich auf dem Balkon, um mir die Beine zu enthaaren, die eigentlich sowieso immer vom Sari, dem *shelwar kamiz* oder von Jeans bedeckt sind. Ich fand nichts Schlimmes dabei, diesen kleinen Akt der Körperpflege zu erledigen, der außerdem sowieso nur dazu diente, meinem Ehemann zu gefallen. Aber eines Tages entdeckte mich meine Cousine und flüsterte mir angstvoll zu: »Wenn dich mein Vater sieht, bringt er dich um.«

In Pakistan sind siebzig Prozent der Bevölkerung Sunniten, zwanzig Prozent Schiiten, und Christen und Hindus machen zusammen drei Prozent aus.

Seit ein paar Jahren verbreitet sich in Pakistan genau wie in allen anderen islamischen Ländern eine immer strengere Auslegung der religiösen Vorschriften, es gibt immer mehr Koranschulen, die von Kindern (ausschließlich Jungen) in weißen Kleidern und einem kleinen grünen Turban besucht werden. Auch in wohlhabenderen Schichten, in denen es üblich ist, dass erwachsene Frauen keine Kopfbedeckung tragen, sind junge Frauen, die zum Schleier greifen, keine Seltenheit mehr: Meistens tragen sie nur ein leichtes buntes

Tuch über dem Haar, sehr viel seltener den demütigenden nikab, bei dem nur die Augen zu sehen sind, ganz zu schweigen von der burqa, die im Nordosten an der Grenze zu Afghanistan allerdings weit verbreitet ist.

Warum legen immer mehr Frauen den hijab an, auch wenn staatlicherseits kein Gesetz sie dazu verpflichtet? Eine Antwort auf diese Frage und auf viele andere Problemfelder, die durch die Transformation des pakistanischen Volkes in eine immer konservativere und religiöser organisierte Gesellschaft entstanden sind, versucht die Regisseurin Sahiba Sumar in ihrem Film Hawa Kay Naam *(Unterhalb des Paradieses) zu finden.*

Wie immer und wie auch in der Folge, war es jedoch ein Übergriff gegen Nauman, der für mich eine Schwelle markierte, hinter der es kein Zurück mehr gab. Mein Sohn wuchs zu einem ausgeglichenen und geselligen Kind heran: Er war es gewohnt, mal bei dieser, mal bei jener Person im Zimmer zu schlafen, und hatte ohne Widerrede sein schönes Zimmer voller Spielsachen zurückgelassen, um in jenem beengten und ärmlichen Haus zu wohnen. Eines Tages kam er durstig aus der Schule und trank ein Glas Wasser leer, das auf dem Tisch stand. Der Alte sah ihn drohend an und sagte zu mir gewandt: »Dieser kleine Bastard hat aus meinem Glas getrunken!« In meinem Herzen explodierte der Zorn, aber in diesem Moment konnte ich nichts anderes tun, als den Kopf zu senken und zu sagen: »Verzeih, mein Vater.« Dies aber war der Anfang vom Ende einer Ehe, die nur einen Monat dauerte.

Als ich Badar bat, in die Scheidung einzuwilligen, brauste er auf und gab mir eine Ohrfeige. »Eine Ehe löst man nicht einfach so auf!« Das war der anständige Junge, der aus ihm sprach, der geglaubt hatte, dass unsere Verbindung das ganze Leben halten würde. In Wirklichkeit kommen Scheidungen in Pakistan viel häufiger vor als in Italien, außerdem gibt es die Einrichtung des Abschwörens, den *khula*, das der Frau nach islamischem Gesetz das Recht zur Scheidung ohne Zustimmung ihres Gatten einräumt, solange sie auf seine Güter verzichtet. Selbstredend war das in unserem Fall kein Problem.

»Mieten wir ein eigenes Haus, lass uns alleine leben«, schlug er mir vor.

»Unsere Lebensvorstellungen sind zu unterschiedlich«, versuchte ich ihm geduldig zu erklären.

»Ich ziehe mit in euer Haus.«

»Bestens, dann bringt dein Vater dich um. Er hat mich nie akzeptiert: Ich bin eine Tänzerin, in seiner Weltsicht eine schamlose Person.«

Wir redeten stundenlang: Ohne Groll von seiner Seite, und ich empfand Schmerz über das, was ich ihm antat.

»Verlass mich nicht, ich beschwöre dich«, bat er.

»Wir werden uns nie ganz und gar verlassen, wir werden uns weiterhin treffen«, versprach ich. Und dieses Versprechen haben wir beide gehalten. Nachdem etwas Zeit vergangen war, machte Badar seine Eltern glücklich, indem er seine Cousine zur Frau nahm, die sehr fromm war: Ein freundliches Mädchen, die mich »Baah« nennt, das ist die respektvolle Anrede, die man gewöhnlich für Schwägerinnen gebraucht. Ich habe ihr ein paar schöne Geschenke gemacht, und gerade vor ein paar Tagen haben wir miteinander geredet.

Meine Heimkehr erfolgte in zwei Etappen. Zuerst bat ich Badar, meine Mutter kommen zu lassen, damit sie mich abholte. »Diese Heirat war ein Fehler«, gestand ich ein. »Ich will nach Hause.« Ich kehrte also in die Napier Road zurück und rief von dort aus Nadim an: »Ich will dich sehen.«

Ein leises Auflachen. »Gut, gut, ich sehe, du hast schon genug.«

»Also was ist, willst du kommen oder nicht?«

»Na gut, ich komme, ich komme, ich komme.«

Er kam und brachte ein riesiges Paket Süßigkeiten mit. Und so versöhnten wir uns wieder.

Dennoch war es nicht möglich, dass ich einfach so zu ihm zurückkehrte. Wenn sich in Pakistan eine Frau scheiden lässt, muss sie für ein paar Monate ein zurückgezogenes Leben führen. In Wirklichkeit hatte ich gar keine richtige Scheidung durchlaufen, sondern lieber die Abschwörung absolviert, was schneller geht. Der Mann sagt drei Mal »*Talak*« in Gegenwart von Zeugen, und die Ehe ist vorbei: Man muss das Ende der Verbindung nur nach ein paar Tagen vor Gericht beglaubigen lassen. Allerdings verlangt das islamische Gesetz, das schwangeren Frauen die Scheidung verbietet, dass die Frau einige Monate in Einsamkeit lebt, bis feststeht, dass sie nicht schwanger war.

Eine Zeitlang traf ich mich weiterhin mit Badar, aber in aller Freundschaft, wobei ich darauf achtete, ihm keine Hoffnungen auf eine eventuelle Rückkehr zu ihm zu machen. Allerdings war ich mir nicht sicher, wie seine Reaktion ausfallen würde, wenn er mich eines Abends in Begleitung Nadims sehen würde. Deshalb ging ich lieber für eine Zeitlang aus Lahore weg.

Meine Beziehung mit Nadim war wie immer: Er liebte mich, und ich ertrug seine Gesellschaft ohne sonderliche Begeisterung. Wie zuvor machte ich üble Scherze auf seine Kosten (zum Beispiel zwang ich ihn, eine ganze Flasche Hustensaft leer zu trinken, was ihn für einen ganzen Tag außer Gefecht setzte), und er ertrug geduldig all meine Zicken. Urplötzlich aber änderte sich die Lage völlig, und zwar wegen Nauman, der damals fünf Jahre alt war. Eines Tages sah ich, dass mein Kind ein geschwollenes Gesicht und blaue Flecken hatte. Auf mein Nachfragen, warum er in diesem Zustand sei, antwortete er mir zuerst mit beharrlichem Schweigen, bis er schließlich sagte: »Das war Nadim, er hat mich gehauen.« Nadim, der dabei war, stritt energisch alles ab: Aber ich glaubte Nauman, meinem ganz besonderen Kind. Warum hätte er mich anlügen sollen? An jenem Tag brach ich jede Beziehung zu Nadim ab.

Als ich die vorgeschriebenen Monate zurückgezogen gelebt hatte, begann ich wieder zu tanzen. Eines Tages – ich war zu Hause und trug T-Shirt und Pyjama – kommt Amir, der Bruder meines Schwagers Irfân, mit einem Freund vorbei. »Das ist Zahir, er ist vor kurzem aus Australien zurückgekommen, jetzt gehört ihm ein Autohaus, und er kann sich jeden Luxus erlauben: Er will ein Fest veranstalten und zum Tanz einladen.« Wir vereinbarten alles für den Abend, ich ließ mir einen *shelwar kamiz* aus schwarzer Shantung-Seide nähen, wählte ein rosa Make-up für das Gesicht und setzte graublaue Kontaktlinsen ein. Das Fest fand auf einem Schiff statt, das im Hafen von Karachi vor Anker lag, ein riesiges, fünfstöckiges Schiff, wie eine moderne *Titanic*, und die Gäste waren elegante Paare, alle Frauen waren wunderschön. Als ich anfing zu tanzen, riefen mir alle Männer mit lauter Stimme zu: »Kajal, Kajal!«, und ich fühlte mich schön, und all die Blicke, die auf mir lagen, weckten meine Energien. Wenn die Augen eines Mannes auf dir liegen, weckt das doch immer Energie, oder? Zahir schien von meiner Gegenwart ganz beseelt zu sein. Als er mich am nächsten Morgen nach Hause begleitete, sagte er zu mir: »Was für schöne Augen du hast!« Innerlich musste ich leise lachen.

In der Napier Road, wo die Tänzerinnen von Karachi wohnen, geben sich die Männer die Klinke in die Hand. Der Lebensweg der jungen Mädchen ist bereits besiegelt: Wenn sie in der Stadt Arbeit suchten, würden sie keine bekommen, also besteht ihr Leben nur aus Tanzen und Sex. Solange du jung bist, ist das ein schönes Leben und alles ist einfach, aber dann ... In jener Zeit verdiente ich vier- oder fünftausend Rupien an einem Abend, das sind etwa siebzig Euro – hier hört sich das nicht nach viel an, aber in Pakistan ist es eine beträchtliche Summe –, und ich und meine Familie konnten gut davon leben. Ich weiß nicht, ob meine finanzielle Unabhängigkeit der Grund dafür ist, aber ich hatte immer ein anderes Verhältnis zu den Männern als meine Gefährtinnen. Eines Tages wettete ich mit einer Freundin um fünftausend Rupien, dass man durchaus die Abendeinladung eines Mannes annehmen konnte, ohne ihn sexuell befriedigen zu müssen. Mir hat es immer Spaß gemacht, zu reden, zu diskutieren, und oft geschah es, dass ich die Männer mit dieser Leidenschaft ansteckte: Bei mir war eine Einladung zum Ausgehen nie automatisch gleichbedeutend mit einer Aufforderung zum Sex. Am Ende der Nacht, um die wir gewettet hatten, bemerkte der Mann: »Du hast mich die ganze Nacht nur reden lassen!«, aber er schien gar nicht besonders verdrießlich deswegen zu sein. Wir sind Freunde geblieben.

Mit Zahir verbrachten wir viele gemeinsame Wochenenden, meist machten wir Ausflüge mit dem Schiff. Er sagte mir: »Ich liebe dich so sehr«, ich entgegnete: »Das ist keine wahre Liebe.« Damals, ich war fast achtzehn Jahre alt, war ich der Liebe noch nicht begegnet, aber eines wusste ich ganz genau: Heiraten wollte ich nicht. In Pakistan ist die Ehe etwas sehr Einengendes: Einer verheirateten Frau ist nicht einmal mehr das unschuldigste Vergnügen erlaubt, und sei es ein Abend unter Freundinnen. Und nach der kurzen Erfahrung mit Badar hatte ich mir ganz fest in den Kopf gesetzt: »Es lebe die Freiheit.« Bis zu dem Tag, an dem ich Bilal begegnete.

Lebensregeln

Die Farben, die höflichen Umgangsformen, die Gleichmütigkeit: Diese Besonderheiten fallen jedem sofort auf, der Pakistan zum ersten Mal besucht.

Farben sind allgegenwärtig: In den Gewändern der Frauen, den bunt bemalten Wänden der Lehmhäuser der armen Bauern, in den großartigen Malereien, mit denen Autobusse, Lastwagen, Rikschas über und über bedeckt sind. Die höflichen Umgangsformen fallen zum Beispiel in den rituellen Grußformeln ins Auge, den slalikum, eine Verballhornung des arabischen Grußes salaam alaikum, Friede sei mit dir. Und die Gleichmütigkeit bemerkt der verblüffte westliche Besucher im Straßenverkehr der riesigen Städte (Karachi hat vierzehn Millionen Einwohner, Lahore hat drei Millionen): Völlige Missachtung der Verkehrsregeln und das Recht des Stärkeren sind hier an der Tagesordnung und werden ohne mit der Wimper zu zucken von den anderen Autofahrern und den Massen von motorisierten Rikschas hingenommen, denn jeder würde bei der ersten sich bietenden Gelegenheit dasselbe tun.

Gleichmut müssen die Pakistanis außerdem Tag für Tag gegenüber den zahllosen Schikanen von Polizei, Militär und privaten Leibgarden aufbieten.

Die massive Präsenz bewaffneter Männer in jeder Menschenmenge springt ins Auge: Ob als »Wachschutz« in Tarnuniform und mit Maschinengewehr vor den Hotels oder im shelwar kamiz, der *von der unter der Tunika getragenen Waffe deutlich ausgebeult ist, bewachen sie Häuser und Büros.*

Heute erzählt Fakhra von diesen »Pfundskerlen« ebenso gleichmütig wie von all den anderen Unannehmlichkeiten und Schikanen des Lebens in Pakistan. Mit umso mehr Gefühl schildert sie, an welche Lebensregeln sie sich gehalten hat.

Nachdem mit Nadim Schluss war, hatte ich genug von den Männern. Ich hatte zwar mit einigen Umgang, aber es ist nie etwas zwischen uns geschehen. Unter Tänzerinnen ist man nicht gut angesehen, wenn man mit einem jungen Mann zusammen ist, zumal diese oft arm sind: Ein Mädchen bestreitet den Lebensunterhalt mehrerer Personen, und deshalb wachen die Familien, wie ich schon erzählt habe, streng über ihre Beziehungen. Als Schande gilt es auch, wenn man mit dem Bruder einer anderen Tänzerin eine Beziehung anfängt: Wahrscheinlich vor allem deswegen, weil er für gewöhnlich alles andere als reich ist.

Diesen Verhaltenskodex hatte ich vollkommen verinnerlicht, ich fand ihn richtig, und es machte mir nichts aus, mich an die Regeln zu halten. Unter anderem war es Sitte, dass ich auf jede Einladung, die ich bekam, antworten musste: »Ich weiß nicht, ob Mama mich gehen lässt«; das war eine formvollendete Art und Weise, Geld zu verlangen, und das finde ich schön: Etwas zu fordern, ohne den Preis zu nennen. Bei uns ist das so üblich, deshalb verstehen alle diese Sprache. Wenn mich ein Bekannter anrief und fragte: »Kommst du heute Nachmittag auf einen Tee mit mir und meinen Freunden vorbei?«, antwortete ich stets das Gleiche: »Ich weiß nicht, ob Mama damit einverstanden ist«, auch wenn ich haargenau wusste, dass Mama im Drogenrausch dahindämmerte. Und er fügte sofort hinzu: »Es gibt natürlich Geld, damit sie einverstanden ist.«

Nachmittags bekam ich immer eine Menge Anrufe: Sehr oft wurde ich eingeladen, auf Partys – Geburtstagsfeiern, Hochzeitsfesten oder sonstige Anlässen – zu tanzen oder einfach anwesend zu sein. Meistens bekam ich dafür fünftausend Rupien, ungefähr siebzig Euro: Etwas mehr, wenn Männer anriefen, Frauen boten etwas weniger, weil sie grundsätzlich weniger Geld für solche Dinge auszugeben bereit sind. Ich machte mich ausgehfertig und bat dann mal einen schwulen Freund, mal jemanden aus der Verwandtschaft oder auch die Dienerin, mich zu begleiten: Das war ein Gefallen, der mich natürlich etwas kostete. Sich auf der Straße begleiten zu lassen, ist in Pakistan ein Zeichen sozialer Distinktion: Nur arme Frauen sind alleine unterwegs. In Lahore haben alle reichen oder auch nur wohlhabenden Leute mindestens einen Bodyguard. In Karachi ist diese Angewohnheit weniger verbreitet. Die Leibwachen sind nicht nur dazu da, das Leben ihrer Herren zu schützen: Mehr als einmal habe ich erlebt, wie sie ein Mädchen holen kamen, das die sexuellen Avancen irgendeiner Persönlichkeit abgewehrt hatte. Und in meinem Fall, aber das habe ich ja schon erzählt, ließen sie sich damit beauftragen, ihren Herrn und Meister wegen meiner Zurückweisung zu rächen.

Die Napier Road ist eine sehr lange Straße mit vielen, vor allem chinesischen Geschäften, in denen es sowohl moderne Musik als auch unsere traditionelle Musik zu kaufen gibt, und eine Menge Imbissbuden und Milchläden. Es herrscht ein großes Chaos, und es ist sehr schmutzig, und überall hängen offene Stromkabel herum. Beinahe alle Gebäude haben Namen, die oft seltsam klingen, von denen keiner weiß, woher sie kommen – zum Beispiel: »Blubberblasen & Blabla«. Hier treffen sich die Tänzerinnen. Im Erdgeschoss sitzen die Schneider, die einem innerhalb weniger Stunden ein Kleid nähen. Ihre Geschäfte laufen gut, weil die Mädchen aus der Napier Road sich gerne neu einkleiden. Jeden Abend um acht Uhr wird geputzt und gefegt, die Spiegel werden blank poliert und Räucherstäbchen angezündet. Gegen zehn Uhr treffen dann die Tänzerinnen ein, lassen sich auf bequemen Kissen nieder und warten auf Kundschaft. Sie vertreiben sich schwatzend und Tee (*chai*) trinkend die Zeit, manchmal auch mit Whisky aus Coladosen: Aus Vorsicht vor plötzlichen Polizeikontrollen. Pünktlich um Mitternacht kommt die Polizei mit eingeschaltetem Blaulicht vorgefahren, und das bedeutet: Es ist Sperrstunde. Die Mädchen schminken sich ab, und der zweite Teil des Abends beginnt. Man besucht sich reihum zu Hause, bestellt etwas zu essen, spielt *tambòla*, und oft sind auch Männer dabei, was theoretisch verboten ist. Bei einer Polizeikontrolle erzählt man dann, dass der Mann der Ehemann des Mädchens ist, und der Betreffende steckt dann gewöhnlich den Beamten unauffällig ein Bakschisch zu. Gegen drei Uhr morgens, manchmal auch erst um vier oder um fünf, geht die Gesellschaft auseinander, ab und zu frühstückt man auch noch zusammen, oder jede Tänzerin geht zu sich nach Hause und nimmt vor dem Zubettgehen noch ein *nan-choli* zu sich, Kichererbsen mit etwas Fladenbrot.

Manchmal tanzte ich einfach nur, weil ich Lust dazu hatte. Wenn ich einmal keine Abendeinladungen bekam, schloss ich mich einer Gruppe Musiker an, es genügte schon eine Sitar und Trommeln, und ging mit ihnen zu irgendeinem Fest. Dafür bekam ich wenig Geld, bestenfalls zweitausend Rupien, aber mir machte es Spaß, und ich verbrachte ein paar fröhliche Stunden. Manchmal packt mich auch hier in Rom die Lust zu tanzen, und ich tanze einfach so für mich, manchmal auch mit Nauman, der ein sehr gutes Rhythmusgefühl hat. Ganz sicher werde ich an meinem erfundenen Geburtstag tanzen, am 31. Mai.

Wenn Fakhra tanzt, ist sie wieder eine Schönheit. Ihre langen schwarzen Haare, die offen herabfallen (im Alltag trägt sie einen Zopf), verdecken einen Großteil ihres immer noch von der Säure gezeichneten Gesichts, und ihr schlanker Körper ist gleichsam zweigeteilt: Von der Taille aufwärts sind es die harmonischen Bewegungen der Arme und des Kopfes, die alles beherrschen, unterhalb der Taille ist es dagegen das Becken, das dem Rhythmus der Musik folgt und die Blicke auf sich zieht.

Eines Abends, als sie für ein paar Freunde von Smileagain tanzte, flüsterte sie, während sie die gungru, *die im Rhythmus des Tanzes klingelnden Glöckchen, an den Knöcheln festband: »In Pakistan sind das die Symbole der Schande.« Die gesellschaftliche Position der Tänzerinnen in Pakistan ist ziemlich eigenartig: Man verehrt sie, buhlt um sie, zahlt viel Geld, um sie zu sehen – dann werden sie mit dem englischen Wort* dancers *bezeichnet. Dann wieder drängt man sie an den Rand der Gesellschaft und brandmarkt sie mit dem Urdu-Wort* cangirì *als verworfene Frauen.*

Als ich noch in Pakistan war, schlief ich morgens immer sehr lange: Nauman ging früh zur *tuition*, in eine schöne Privatschule mit wenigen Schülern, wo er bis nachmittags blieb, und ich nutzte diese ruhige Zeit aus, um in voller Lautstärke die CDs meiner Lieblingssänger zu hören, Jagjit Singh und Lata Mangeshkar. Das sind zwei großartige indische Sänger, ein Mann und eine Frau: Ihr Gesang ist nicht nur wegen der Schönheit der Musik und ihrer Stimmen so wundervoll, sondern auch wegen der Texte. Beide sind in Indien, Pakistan, den Emiraten, aber auch in London von legendärer Berühmtheit: Sie waren es, die dem *ghazal*, einer bestimmten Art vertonter Lyrik, wieder neues Leben eingehaucht haben. Singh, der auch Komponist ist, sagt immer, dass die Musik eine Botschaft haben muss und der Sänger große Verantwortung gegenüber dem Publikum trägt. Seit ich klein bin, liebe ich die traditionelle Musik, denn sie ist melodiös und hat tiefsinnige Texte: Das hektische Gezappel der modernen Musik hat mir nie gefallen. Jagjit Singh und Lata Mangeshkar singen beide auf Hindi, einer der in Indien gesprochenen Sprachen, die dem Urdu stark ähnelt. Ich habe Hindi beim Fernsehen gelernt, in einigen Gegenden Pakistans empfängt man nämlich indisches Fernsehen über Satellit. Urdu ist die in Karachi gesprochene Sprache, oder, um genau zu sein, in der Provinz Sind, es ist die offizielle Sprache, die in der Schule gelehrt wird: Und es ist auch meine Sprache. Mama hat mit uns dagegen immer Punjabi gesprochen, die Sprache von Lahore, die von der Mehrheit der Pakistaner gesprochen wird, und ich antworte ihr auf Urdu. Punjabi spreche ich so einigermaßen, ungefähr so wie Italienisch, ich mache viele Fehler und bringe die Leute zum Lachen. Tehmina, die aus einer großen Familie mit afghanischen Wurzeln stammt, spricht neben Urdu und Englisch auch noch Paschtun, die Sprache von Peshawar, der Grenzstadt zu Afghanistan. In meinem Leben gibt es außerdem noch ein kleines Rätsel: Ich kann Farsi, die Sprache des Iran, die Mama mir beigebracht hat, die es ihrerseits von meiner Großmutter gelernt hat, die eigentlich aus Indien stammte. Warum ich diese Sprache beherrsche, die so anders ist als unsere? In meiner Familie ist das die Geheimsprache, die Mama immer noch mit mir und meiner Schwester benutzt, wenn wir von anderen nicht verstanden werden wollen. Wo hat Großmutter Farsi gelernt und warum? Ich habe es nie herausgefunden.

Seit Fakhra in Rom ist, ist der Leitstern ihres Lebens ihr kleiner Sohn Nauman, der gleichsam spiegelbildlich das für sie getan hat, was sie selbst als Kind geleistet hatte: den Erwachsenen Mut machen. Kurze Zeit nach ihrer Ankunft in Rom geschah es, dass sie eines Tages vollkommen niedergeschmettert, allein gelassen und unfähig, ein Wort von dem, was man zu ihr sagte, zu verstehen, in Tränen ausbrach. Er umarmte sie stürmisch und tröstete sie: »Du wirst sehen, wir schaffen das schon.«

Und wirklich war er es, der ihr half, indem er im Handumdrehen Italienisch lernte und für seine Mama dolmetschte, als sie noch große Mühe mit dem Verstehen der fremden Sprache hatte.

In Fakhras neuem Leben ist der Tagesablauf ganz auf Nauman ausgerichtet: die Schule, das Fußballspielen, seine Freunde – und es ist vollkommen verständlich, dass sie ihm an seinem Geburtstag ein schönes Fest ausrichten wollte. Es wurde ein so rauschendes Fest, dass die anderen Mütter sprachlos waren, als sie erfuhren, dass das

Lokal so viel Miete gekostet hatte, wie Fakhra monatlich als Unterstützung von Smileagain bekam.

Sie hätten sich vielleicht weniger gewundert, wenn sie gewusst hätten, wie überwältigend in Pakistan die Feste bei religiösen oder privaten Feiertagen sind, und welch fantastische Gelegenheit Hochzeitsfeiern bieten, um sich ganz der Lebensfreude und der Verschwendung hinzugeben. Das gilt genauso für die Armen, die bereit sind, ihre ganze Zukunft zu verpfänden, nur um sich für einen Tag ihres Lebens reich zu fühlen.

Tehmina ist eine mutige und sehr zupackende Frau. Um das zu begreifen, muss man nur einmal erlebt haben, wie sie am Eid-ul-Fitr-Fest Schafen die Kehle durchschneidet, etwas, wogegen ich mich immer gewehrt habe. Die Religion will es so, dass jedes Tier, das wir essen, bei der Schlachtung ausbluten muss, und entsprechend der Tradition schneidet man den Schafen, die man beim Eid-Fest isst, zu Hause vor den Augen der ganzen Familie die Kehle durch. Für die Armen ist das ein großes Fest, weil dieses Schaf die Familie für einen ganzen Monat satt machen wird. Für die Reichen ist es anders, für die Reichen ist jeder Tag ein Fest.

Eine anderer wichtiger religiöser Anlass ist der Tag, mit dem man das Ende des Moharran feiert, die Tage, in denen wir Schiiten uns in die Trauerfarben Schwarz oder Weiß kleiden, barfuß gehen, nicht tanzen und auf Sex verzichten. Der Tag wird auch von den Sunniten begangen, allerdings weniger feierlich. Er fällt in den März, wenn es schon langsam heiß wird, und alle Straßen füllen sich mit Buden, wo man Wasser, Milch, Mandel- oder Reismilch, Sprite und auch Kleinigkeiten zu essen kaufen kann. Die

Reichen bezahlen für die Armen, damit auch all die, die kein Geld haben, sich satt essen und trinken können. Diese Form der Solidarität ist für Moslems ein wichtiges Gebot und beschränkt sich nicht auf besondere Anlässe, sondern kommt alle Tage vor, besonders rings um die Grabmäler heiliger Männer, die von Buden und Kiosken umgeben sind, in denen Huhn, Fleischbällchen oder Gemüse frittiert werden: Und es gibt immer jemanden, der für den anderen, der kein Geld hat, bezahlt.

Das schönste Fest in Lahore und in Kasur ist das Drachenfest, zu dem viele Schauspieler extra von weither anreisen. Es ist eine Art Begrüßung des Frühlings, der bei uns eher beginnt als in Italien, nämlich im Februar. Die Wiesen sind dann über und über mit gelben Blumen bedeckt, die Frauen kleiden sich in hellgelbe Gewänder und legen alle Armreifen an, die sie haben, und drei Tage lang wird gegessen, getanzt und auf der Straße Musik gemacht. Von den Balkons lassen Erwachsene und Kinder große bunte Drachen steigen, die sie monatelang gebastelt haben. Es ist ein Fest fürs Auge, aber es ist auch ein Wettkampf: Sieger ist, wem es gelingt, die Schnur der anderen zu durchtrennen und ihre Drachen zum Absturz zu bringen. Deswegen sind die Drachenschnüre mit Glaswolle umwickelt. In Lahore wollte einmal jemand ganz besonders schlau sein und verwendete statt einer Schnur einen Metalldraht, mit dem Ergebnis, dass der Drache mit den zwischen den Häusern verlaufenden Hochspannungsleitungen in Kontakt kam und daraufhin im ganzen Viertel die Lichter ausgingen. Ich habe gehört, dass es seit letztem Jahr verboten ist, die Drachen in der Stadt steigen zu lassen, die Leute müssen dazu auf die Wiesen am Stadtrand gehen.

Das poetischste Fest in Pakistan aber ist Shaberath, der Abend der Feuerwerke. Es fällt in den Winter und ist auch der Anlass, um eine Kerze auf dem Grab unserer Toten anzuzünden. Danach werden viele Süßigkeiten gegessen, und man schreibt einen Wunsch auf einen kleinen Zettel. In Karachi geht man dann ans Meer und übergibt die Zettel den Wellen, in anderen Städten weiß ich nicht, wie man es macht, vielleicht übergibt man sie ja einem Flusslauf. Wenn ich jetzt einen Wunsch aufschreiben dürfte, um ihn dem Wasser des Tiber zu übergeben, würde ich dasselbe Wort daraufschreiben, das ich schon dem Arabischen Meer anvertraut habe. Ein Wort, das ich in Blockschrift auch schon auf Italienisch schreiben kann: CASA (*ein Zuhause*).

Was mich an Italien sehr gewundert hat, war zu sehen, wie schnell hier die Hochzeitsfeste vorbei sind: Ein halber Tag wird gefeiert und fertig. In Pakistan dauern solche Feiern mindestens vierzehn Tage. Ich meine Hochzeiten nach der religiösen Tradition, bei denen die Verbindung eine Angelegenheit der Familien ist: Bei uns werden Ehen fast immer von den Verwandten ausgehandelt, das war sogar bei Benazir Bhutto so, die den Ehemann genommen hat, den ihre Eltern für sie ausgesucht haben. Es ist keineswegs gesagt, dass arrangierte Ehen schlechter sind als die, bei denen die Partner sich frei entscheiden: Oft kommt die Liebe mit der Zeit, und ganz bestimmt ist ein rauschendes Hochzeitsfest ein guter Anfang dafür.

Alles beginnt damit, dass die offizielle Verlobung bekannt gegeben wird: Die Eltern der Brautleute statten sich Besuche ab und laden sich gegenseitig zum Mittagessen ein, dann bestellt man eine Frau, die eine Woche lang die *tablà*, die Trommel, spielt, damit auch die Nachbarn wissen, dass demnächst Hochzeit gefeiert wird. Danach beginnt das Wetteifern um die prachtvollsten Kleider und Schmuckstücke, dem sich keiner entziehen kann: Unter dem Niveau der anderen Freunde und Verwandten zu bleiben, hieße das Gesicht zu verlieren. Es gibt Familien, die für die Hochzeit ihrer Kinder in den Ruin gehen, und viele nehmen hohe Schulden auf, die sie dann bitter abbezahlen müssen. Aus genau diesem Grund hatte der Vorgänger von Präsident Musharraf, Nawar Sharif, angeordnet, dass bei Hochzeitsbanketten nur noch Tee und Gebäck serviert werden sollte. Meiner Meinung nach war das eine sehr gute Idee, weil damit dem ganzen Brimborium ein Riegel vorgeschoben wurde, was für viele arme Familien ein Segen war: Aber nach ein paar Jahren war alles wieder genau wie zuvor.

Das Opfer einer solchen Überschuldung zur Finanzierung einer Hochzeit war ein Kind, dessen Name in der ganzen Welt zum Symbol für die Ausbeutung der Kinderarbeit wurde: Iqbal Masih. Iqbal war als vierjähriges Kind an einen Teppichfabrikanten verkauft worden: Seine Arbeit sollte dazu dienen, eine Schuld von sechshundert Rupien zurückzuzahlen, das sind weniger als zehn Euro, welche die Familie für die Hochzeit des ältesten Sohnes aufgenommen hatte. Seine kleinen Fingerchen, mit denen er die winzigsten Knoten knüpfen konnte (ein Teppich ist umso wertvoller, je größer die Anzahl der Knoten ist, aus denen er besteht) arbeiteten zwölf Stunden täglich, aber aufgrund der Wucherzinsen wuchs der Schuldbetrag immer weiter. Und Iqbals Fronarbeit verlängerte sich stets.

Im Jahr 1992, als er zehn Jahre alt war, verließ er zusammen mit ein paar Leidensgenossen heimlich die Fabrik, um zu einer Versammlung der Bonded Labour Liberation Front zu gehen, der Organisation zur Abschaffung der Fronarbeit. Auf einen Schlag wurde Iqbal sich seiner Lage bewusst und war davon so erschüttert, dass er aufstand und eine Rede hielt, in der er sein Leben beschrieb. Seine Schilderung wurde von der Lokalpresse wiedergegeben, Iqbal beschloss, nicht mehr in die Fabrik zurückzukehren, trat in eine Schule der Organisation ein, absolvierte vier Schulklassen in der Hälfte der normalen Zeit und widmete sich fortan der Befreiung der Kindersklaven.

Obwohl er klein und missgestaltig war, besaß Iqbal ein außergewöhnliches Kommunikationstalent, und als er 1994 in einer amerikanischen Fernsehsendung auftrat und verkündete, dass er Anwalt werden wollte, um gegen die Fronarbeit zu kämpfen, bot ihm die Universität Boston ein Stipendium an, damit er sein Studium fortsetzen konnte, und kurz darauf wurde er mit dem mit fünfzehntausend Dollar dotierten Reebok-Preis »Youth in action« ausgezeichnet.

Als er ein paar Monate später, im April 1995, kurz vor seiner Abreise nach Boston in Begleitung von zwei Cousins mit dem Fahrrad durch sein Dorf fuhr, traf ihn ein tödlicher Schuss. Der Täter wurde nie gefasst, doch Iqbals Mutter beschuldigt bis heute die »Teppichmafia«. In den Vereinigten Staaten haben sich zahlreiche Schulen zu der Initiative »A school for Iqbal« zusammengeschlossen, die Spenden sammelt, um Kindersklaven freizukaufen und ihnen eine Ausbildung zu ermöglichen.

Wenige Tage vor der Hochzeit wird die Braut am ganzen Körper mit Mandelöl massiert, ein Anlass, zu dem all ihre Freundinnen sich gelb kleiden, wohingegen man Grün trägt, wenn die Braut sich Hände und Füße mit Henna bemalen lässt. Die sieben Tage vor der Hochzeit darf die Braut niemanden sehen, außer einer Dienerin oder Freundin: Sie darf höchstens Botschaften oder Anrufe empfangen. Sie muss sich ausruhen, um am Tag der Hochzeit strahlend schön auszusehen. An diesem Tag muss sie buchstäblich mit Gold bedeckt sein: Zwölf Armreifen an jedem Handgelenk, Ringe, Ohrgehänge, Halsketten und auf der Stirn den *binnia*, ein edelsteinbesetztes Diadem. Geheiratet wird zu Hause, aber der Hochzeitsempfang findet in einem Hotel statt: Eine wohlhabende Familie lädt mindestens vier- bis fünfhundert Gäste ein. Sänger und Tänzer gehören zum Pflichtprogramm, und das Essen und die Vergnügungen dauern bis zum Morgengrauen. Die Gäste tanzen traditionelle Tänze wie den *jhoomar*, bei dem alle im Kreis tanzen und sich um sich selbst drehen, oder den *ludì*, bei dem Männer und Frauen getrennt tanzen und die Frauen ihre Armreifen klingeln lassen. In Lahore gehört der *bhangrà* unbedingt dazu, ein Volkstanz aus dem Punjab, zu dem Flötenmusik, Schellen und die *dhol*-Trommel, die am Hals aufgehängt wird, erklingen. Auch ich habe ihn ein paar Mal getanzt, nicht um mich in Szene zu setzen, sondern aus purem Vergnügen, denn diese Tänze sind ein wahrer Freudenrausch.

Das Mittagessen am Tag der Hochzeit ist eine der seltenen Gelegenheiten, zu der einmal alle Familienmitglieder gemeinsam essen. In Pakistan gibt es nicht die Gewohnheit, die bei euch verbreitet ist, sich mindestens einmal am Tag am gemeinsamen Esstisch zu versammeln. Bei uns wird morgens in der Früh gekocht, und wer Hunger hat, isst, wann er Lust dazu hat. In vielen Häusern gibt es sogar nicht einmal einen Esstisch, und man isst auf Kissen sitzend. Nur im Haus meines Schwiegervaters Mustafa

Khan habe ich erlebt, wie man dort eine Regel einhielt, die bei euch ein Muss ist: Dass man wartet, bis alle Familienmitglieder sitzen, bevor man mit dem Essen beginnt. Bei uns ist es nicht üblich, Besteck zu benutzen, um die Speisen zum Mund zu führen. Lieber nimmt man kleine dreieckige Stückchen *nan*, unser weiches Fladenbrot aus Weizenmehl, das so ähnlich ist wie eure *piadine*, womit man dann Reis und andere Gerichte aufnehmen kann – und zwar mit der rechten Hand, nie mit der linken, das wäre sehr unerzogen. Wer gewöhnt ist, so zu essen, macht sich nie die Finger schmutzig und steckt sie natürlich auch nicht in den Mund: Servietten sind nur dazu da, um sich die Mundwinkel abzutupfen. Hemat brachte mir bei, anständig zu essen, die Ellbogen eng am Körper zu halten und so zu sprechen, wie man es in Gesellschaft tut, also nie zu laut oder mit schrillem Gekicher: Daran, wie jemand isst, spricht oder lacht, erkennt man sofort, woher er kommt. Ich habe einigermaßen gelernt, ein Gespräch zu führen, und wenn ich einmal in die Lage kam, zu sagen, dass ich nie zur Schule gegangen war, herrschte immer große Verwunderung. Mir wurde klar, wie wichtig gute Sprachbeherrschung ist, als ich feststellte, dass manche Männer mich dafür bezahlten, dass ich mit ihnen den Abend verbrachte, ohne Sex zu haben: Geld dafür zu nehmen, um mit anderen ins Bett zu gehen, ist einfach, aber es für ein Gespräch zu nehmen, … nun, dafür ist nicht jede geschaffen. Und viele Mädchen beneideten mich darum.

Pakistanische Frauen verwenden selten schmutzige Wörter: Ich tat das nur gegenüber Nadim, aber einzig und allein bei ihm. Nie hätte ich es gegenüber Hemat gewagt, und auch bei Bilal habe ich es nie getan. Männer verwenden sie, aber normalerweise nicht gegenüber Frauen: Von Mustafa habe ich viele Schimpfworte gehört, aber immer nur gegenüber Dienern.

Auch den richtigen Gang zu beherrschen ist wichtig, und natürlich kann man nicht auf dieselbe Art und Weise gehen, es hängt davon ab, ob man einen Sari trägt, Jeans oder den *shelwar kamiz*. Von meinem Tanzlehrer bekam ich Unterricht in Körperhaltung und musste dabei eine Stunde täglich auf Zehenspitzen gehen, mit erhobenen Armen, geschlossenen Fingern und den *gungru* an den Beinen.

Auch bei den Grußformeln gibt es Regeln des guten Benehmens: Vor einer Reise, bei der Heimkehr oder beispielsweise auch bevor ein Mädchen zu tanzen beginnt, muss man Füße und Stirn der wichtigsten oder ältesten anwesenden Person berühren. Bei gemeinsamen Konzerten ist es Singh, der Latas Füße berührt. Als ich ins Haus der Khar kam, beugte sich Alì, einer von Tehminas Söhnen, hinunter, um meinen Fuß zu berühren, und grüßte mich, indem er mich *Bhabi* nannte, ein Wort, mit dem man sich an eine Person wendet, der man großen Respekt bezeugen will. Dabei ist Alì bloß ein Jahr älter als ich: Aber damals grüßte er mich als die Frau seines älteren Bruders Bilal.

Slalikum ist der tagtägliche Gruß, der von der weniger wichtigen Person der wichtigeren oder älteren Person entboten wird. Die Hände schüttelt man sich nur unter Männern, und eine pakistanische Frau geriete in allergrößte Verlegenheit, wenn ein ausländischer Gast ihr die Hand zum Gruß entgegenstreckte. Sich öffentlich bei den Händen zu halten, ist nur zwischen Personen desselben Geschlechts gestattet, und es hat bei uns absolut nicht die spezielle Bedeutung wie hier in Italien, wenn sich zwei Männer an den Händen halten.

Den Träumen misst Fakhra große Bedeutung bei, für sie sind sie gleichsam Fenster in die Zukunft. Wenn man ihr sagt, dass die Träume nur das offenbaren, was in den Tiefen unserer Seele verborgen liegt, sieht sie einen verblüfft und ungläubig an.

Ihre große Stütze und Trost ist die Religion, deren unterschiedliche Richtungen sie immer munter miteinander vermischt hat. »Gott ist immer ein und derselbe«, sagt sie, »auch wenn er verschiedene Namen hat.« Sie hat noch nie von islamischen Fundamentalisten gehört (was im Übrigen ein rein westlicher Ausdruck ist: In den islamischen Ländern spricht man von »Strenggläubigen« oder »Terroristen«), aber beim Wort Taliban entfährt ihr ein »Mamma mia!«. Sie findet es in Ordnung, dass Präsident Musharraf beschlossen hat, gewaltsam gegen die Guerillakämpfer in der an Afghanistan grenzenden Nordwestprovinz vorzugehen: Und ob er dafür von den Vereinigten Staaten eine Belohnung von einer Milliarde Dollar und die Tilgung der Auslandsschulden bekommen hat, interessiert sie nicht sonderlich. Auch deshalb, weil Fakhra nicht weiß (und es im Übrigen auch nie von offizieller Seite erklärt wurde), dass die Großzügigkeit der Vereinigten Staaten, die aus Musharraf unversehens einen Akteur der internationalen Politik gemacht hat, in der Furcht begründet liegt, dass die der Al Qaida nahestehenden Fundamentalisten sich der pakistanischen Atombombe bemächtigen könnten.

Als ich noch in der Napier Road wohnte und eines Nachts allein zu Hause war, hörte ich gegen drei Uhr verzweifelte Schreie aus der Nachbarwohnung: Ich lief hin, um zu sehen, was los war, und fand ein Mädchen, das sich das Gesicht mit siedendem Öl verbrannt hatte. Ihre Schwestern waren in Panik und schrien noch mehr als sie, während mein erster Gedanke war: Das Einzige, was man tun kann, ist, sie ins Krankenhaus zu bringen. Ich rief den Bruder meines Schwagers Puli an, und er fuhr uns im Auto zur nächstgelegenen Notaufnahme: Aber es war eine Privatklinik, und man sagte uns, man könne sie nicht aufnehmen, bevor nicht geklärt sei, wie es zu dem Unfall gekommen war. War es ein Unfall oder ein Anschlag? Zeugen zu finden, hätte viel zu lange gedauert. Ich war mir sicher, dass in diesem Augenblick jede Minute kostbar war, deshalb stiegen wir wieder ins Auto und fuhren zum Civil Hospital. Hier hatten wir das Glück, einen guten Arzt zu treffen, der uns beruhigte: Die Verbrennung war nicht besonders großflächig, das Mädchen würde wieder gesund werden. Die Ärmste war vollkommen verschreckt, sie wollte meine Hand gar nicht mehr loslassen und beruhigte sich nur nach und nach, gegen fünf Uhr trafen ihre Verwandten ein, ich schickte mich an, nach Hause zu gehen, aber vorher bat ich den Doktor aus Neugier auf alles, was mit Medizin zu tun hatte, mir doch den sterilen Raum zu zeigen, wo die Brandopfer lagen. Ich stand nur ganz kurz an der Schwelle, dann kehrte ich sofort um, entsetzt von dem, was ich dort drinnen gesehen hatte. Es war schon heller Tag, als ich endlich einschlief und träumte, die verbrannten Frauen im Krankenhaus würden mich rufen: »Komm zu uns.« Im Traum floh ich entsetzt: Aber es war ein Traum, der mir meine dramatische Zukunft prophezeite. Eines Tages würde auch ich in diesen furchtbaren Raum gebracht werden.

Als ich schon mit Bilal verheiratet war, hatte ich einmal einen anderen Traum: Ich spielte mit einem Krokodil. Eine Freundin sagte mir: »Das Krokodil ist Bilal, seine Familie besteht aus Krokodilen: Sei vorsichtig, Fakhra.« Leider habe ich nicht auf sie gehört. Auch wenn ich mir heute sage: Der Versuch, Bilal zu entkommen, wäre sinnlos gewesen, er hätte mich bis ans Ende der Welt verfolgt.

Kurze Zeit nach meiner Ankunft in Italien geschah mir etwas Wunderbares. Ich lag im Krankenhaus und hatte gerade die erste Operation hinter mir, nach der ich endlich wieder den Kopf heben konnte. Der Eingriff hatte zehn Stunden gedauert, und die darauffolgenden Nächte fand ich keinen Schlaf wegen der Schmerzen, die auch die Betäubungsmittel nicht stillen konnten. Eines Nachts, als die anderen Frauen im Zimmer schliefen, blickte ich auf das Kruzifix, das gegenüber von meinem Bett an der Wand hing. Plötzlich sah ich, wie Jesus vom Kreuz herunterstieg und auf mich zukam, lächelte und mir die Beine streichelte. Sofort erfüllte mich große innere Ruhe, und ich schlief friedlich ein. Als ich meiner Mutter davon erzählte, sagte sie, ich solle so bald wie möglich in die Kirche gehen und eine Kerze anzünden.

Zu der Zeit hatte ich noch einen anderen religiösen Traum. Im Traum ging ich allein in die Krankenhauskapelle: Es war Nacht und alle schliefen. Eine Frau im langen weißen Kleid kam auf mich zu. Ich sagte mir: »Diese Frau habe ich schon einmal gesehen«, dann verstand ich: Es war die Muttergottes. Auf einmal, ich träumte immer noch, war ich wieder in meinem Krankenzimmer, und die weiße Frau kam auf mich zu, die Armen voller Blumen, die sie auf den Nachttisch stellte. »Warum?« fragte ich. »Du wirst schon sehen«, antwortete sie lächelnd. Am nächsten Morgen kam eine Nonne mit einem Blumenstrauß ins Zimmer, den sie mir auf den Nachttisch stellte. »Warum?« fragte ich. »Weil heute das Marienfest ist«, antwortete sie.

Jetzt bete ich immer zur Jungfrau Maria, denn sie ist eine Mutter, sie kann mein Herz verstehen. Heute mehr als je zuvor, weil ich Nauman habe, der mein Ein und Alles ist – aber auch als ich noch in Pakistan war, betete ich zu Bibi Mariam, der Mutter Jesu, den wir als einen der großen Propheten betrachten. Wir nennen sie so, »Frau Maria«, wir wagen es nicht, sie bloß »Mariàm« zu nennen. Ich bin schon immer frömmer gegenüber weiblichen Heiligen gewesen, ich fühle mich ihnen näher. Nach dem Unfall, bevor ich nach Italien kam, pilgerte ich mit Nauman, Nisha und Zemina – der Tochter und der Schwester von Tehmina – zum Grab der Bibi Pakhdamna, um sie um ein anderes Leben und ein anderes Gesicht zu bitten: Und sie hat sie mir gegeben. Meine Schönheit werde ich nie wieder zurückbekommen, aber auch dieses Gesicht ist gut. Oft bete ich zu Jesus, und hier in meinem Zimmer in Rom habe ich ein Bild von ihm aufgehängt: Aber ich wage es nicht, ihm in die Augen zu schauen, mir kommen die Tränen, kaum dass ich zu ihm aufblicke. Unter dem kleinen Bild habe ich eine Silberplakette mit dem Namen Allahs in arabischen Schriftzeichen aufgehängt.

Als ich noch in Pakistan war, waren die Donnerstage immer sehr wichtige Tage für mich: Für uns Schiiten ist es der Tag des Gebets. Gegen fünf Uhr nachmittags duschte ich und kleidete mich wie zu einem Festtag, ließ Milch und eine Menge Süßigkeiten für die Armen einkaufen und brachte sie zum *mazar* Ghazi Abdullah Shah. Zu Füßen des großen Mausoleums aus weißem und grauem Stein zog ich die Schuhe aus und stieg barfuß die Stufen zum Himmel hinauf empor. In dem Raum, wo das Grab des heiligen Mannes ist, streuen Diener ununterbrochen Rosenblätter aus: Wie die anderen Gläubigen hob ich eine Hand voll davon auf, die auf die gestickten Tücher gefallen waren, welche den Ort bedecken, in dem der Leichnam liegt, und aß sie auf. Für mich war dieses kleine donnerstägliche Ritual ein Fixpunkt in meinem Leben, und ich hätte mich schuldig gefühlt, wenn ich es nicht beachtet hätte. Dennoch gab es Leute, die meine Frömmigkeit sonderbar fanden. Und meine Mutter sagte immer, wenn sie wegen der Entzugserscheinungen keinen Frieden fand: »Und du glaubst wirklich, dass Gott dir verzeiht, wo du doch mit den Männern gehst?« Sie wusste genau, wie sie mich am schmerzhaftesten treffen konnte.

Bilù und Patò

Immer wenn Mama böse Worte zu mir sagte, fühlte ich mich allein und verlassen, und am Grund meiner Seele wurde es eiskalt. Dasselbe Gefühle kam in mir hoch, wenn ich einmal einen Ausflug aufs Land machte und mit Geld und Süßigkeiten für die Bauern ankam, die bei uns immer bitterarm sind: Sie starrten mich neugierig an, als sei ich ein seltenes Tier, und meistens fing dann jemand an, mir die Beleidigung entgegenzuschleudern: »*Gangirì*!« Beim Gedanken, dass mir jemand ohne jeden Grund Böses wollte, schnürte sich mir die Kehle zu.

Wer mich tanzen sah, mit den mit Kajal umrandeten riesigen Augen, dem den Rücken herabwallenden Haar und den Armen voller Goldreifen, hätte wahrscheinlich nicht im Traum daran gedacht, dass das gleiche Mädchen sich noch vor zwei Stunden vor lauter Verzweiflung und Einsamkeit selbst geohrfeigt hatte.

Mama hatte häufig jähzornige Anwandlungen gegen mich, weil sie nie mit dem zufrieden war, was ich ihr gab, und sie war immer bereit, mich zu verdächtigen: »Du gehst umsonst mit den Männern ins Bett!« Und ich war häufig wütend auf sie wegen der Art und Weise, wie sie mit meinem Bruder umging. Sie waren nicht mehr

Mutter und Sohn, zwischen ihnen herrschte nun eine obszöne Komplizenschaft rund um die Drogensucht. Sie bettelten einander um ein kleines bisschen Stoff an: »Gib mir ein bisschen was von deinem, ich sitze auf dem Trockenen.« Doch keiner gab dem anderen etwas ab, und beide warteten sie dann auf den Mann, der gegen sechs Uhr abends das Heroin an die Wohnungstür lieferte. Oder sie schütteten sich wegen Nichtigkeiten vor Lachen aus, wie unmündige Kinder oder Irre. Ohne den geringsten Rest an Würde. Ohne das Bedürfnis, sich zu waschen, sich zu kämmen. Immer eingehüllt in den grässlichen Geruch verdampften Heroins.

Genau deshalb schloss ich mich in tiefster Einsamkeit in mein Zimmer ein und ohrfeigte mich selbst.

Hemat sah ich nur noch selten, aber er war immer sofort bereit, alles zu bezahlen, was Nauman brauchte. Zum Glück hatte ich viele Freunde und Bekannte, die mir halfen, Arbeit zu finden und abends nicht alleine zu bleiben.

Genau so ein Bekannter war es, der eines Tages zu mir sagte: »Ich kenne einen sehr wichtigen Mann, den ich dir gerne vorstellen würde.« Nach ein paar Tagen rief er an, um mich zu einer Party einzuladen, aber ich war schon verabredet, ich hatte versprochen, zum Geburtstagsfest des Sohnes einer Freundin zu kommen. Er ließ nicht locker. Schließlich versprach ich ihm zu kommen, aber nicht den ganzen Abend. Ich zog einen Rock und ein sehr hübsches schwarzes Top an und ging gemeinsam mit einer großen und schönen Freundin, Shàzia, dorthin. Im Foyer des großen Hotels, wo wir verabredet waren, wurden wir von den bewaffneten Leibwachen der Rezeption aufgehalten: »Ihr dürft da nicht hinein.« Aber als sie mit ein paar Leuten aus dem Apartment gesprochen hatten, wo die Party stattfand, begleiteten sie uns sofort hinauf. In der Suite waren außer meinem Freund noch eine ältere Frau, die die Mädchen beschaffte, und ein anderer Mann. Nach ein paar Minuten trat Bilal ein: Er war barfuß, weiß gekleidet, hochgewachsen, in jeder Hinsicht ein schöner Mann.

Sofort machte ich eine abwehrende Geste. »Ich kann nicht lange bleiben«, sagte ich. »Ich habe versprochen, zu einem Kindergeburtstag zu kommen.« »Wenn Sie gestatten, begleite ich Sie, *haji* (meine Dame)«, sagt Bilal (er siezt mich). »Wenn Sie es denn wirklich wünschen …« gebe ich ebenso formvollendet zur Antwort. Inzwischen hatten sich mein Bekannter und Shàzia in Rekordzeit angefreundet und hatten sich in ein anderes Zimmer zurückgezogen, um dort Sex miteinander zu haben, die ältere Frau und der andere Mann gingen hinaus, und Bilal und ich blieben allein zurück. Er schaltete den Fernseher ein, ich mein Handy: Aber bald war es Zeit zu gehen. Er rief seinen Chauffeur, und wir stiegen ins Auto. Bevor wir gingen, zog er sich um und war nun schwarz gekleidet: Wie er sagte, um Ton in Ton mit mir zu sein. Dieser höfliche und wichtige Mann hatte mich neugierig gemacht, und ich fragte ihn, was sein Beruf war. »Ich bin der Chef einer Agentur am Flughafen von Lahore, ich bin für einige Tage auf Geschäftsreise nach Karachi gekommen.« Auf der Fahrt bereitete er einen Umschlag mit dreitausend Rupien für das Geburtstagskind vor: eine schöne Geste. Dann machten wir Halt, um in einem der

Schnellrestaurants in Clifton einen Happen zu essen, und er gab einem Armen fünfhundert Rupien: Und das hat mir nun wirklich sehr gefallen. Und zuletzt kaufte er einen Strauß Rosen für mich: Was konnte ich mir noch wünschen?

Bei dem Geburtstagsfest blieb ich, wenn es hoch kommt, ganze zehn Minuten. Ich bin sofort wieder gegangen, ich hatte Angst, dass er vielleicht schon weg war. Aber nein, zum Glück war er noch da. Wir fahren zurück ins Hotel, Bilal drückt mir zehntausend Rupien in die Hand: In diesem Moment klingelt mein Handy, und er hört, dass da eine männliche Stimme am anderen Ende ist. »Ach, Sie sprechen mit anderen Männern?«, sagt er pikiert. Auf der Stelle gebe ich ihm das Geld zurück, das er mir gerade gegeben hatte, und sage ihm Auf Wiedersehen. »Entschuldigen Sie, ich wollte Sie nicht beleidigen«, sagt er. Und ich: »Sie wollen nur Sex mit mir haben.« Er: »*Haji* dürfen das nicht sagen, ich versichere Ihnen, an Frauen fehlt es mir nicht.« »Ich möchte jetzt gehen, ich kann es nicht dulden, dass jemand glaubt, entscheiden zu können, wie ich leben darf und wie nicht.« Hier ging Bilal plötzlich vom Sie zum Du über und sagte ganz zärtlich: »Fakhra, beruhige dich, ich will nicht um jeden Preis Sex mit dir haben, du siehst aus wie ein wütendes kleines Äffchen.« Ich musste lachen.

Es wurde sehr spät, wir tranken einen guten Black Label und beschlossen schlafen zu gehen: Als Nachthemd trug ich ein T-Shirt von ihm, das mir beinahe bis zu den Knien reichte, und bettete den Kopf in seine Armbeuge. Wir hatten keinen Sex, haben uns nicht einmal geküsst. Als ich am nächsten Morgen aufwachte, sah er fern. »*Good*

Morning, Madam!« grüßte er mich gut gelaunt und küsste mich auf die Stirn. »Möchtest du frühstücken?« Ich hatte einen Bärenhunger, aber es zeugt nicht von guter Erziehung, sich das anmerken zu lassen, deshalb bestellte ich bloß Milch und Gebäck.

»Willst du bei mir bleiben?« fragte er mich. Ich hätte die größte Lust gehabt, auf der Stelle Ja zu sagen, aber das macht man nicht. »Ich weiß nicht, ob Mama damit einverstanden wäre ...« Offensichtlich kannte Bilal diese Formel: »Schick ihr einen Jungen mit dem Geld vorbei, und du wirst sehen, sie wird einverstanden sein.« Ich ließ mich noch ein wenig bitten, willigte dann ein und schickte Mama zwanzigtausend Rupien, weil Bilal für Vormittag, Nachmittag und Abend bezahlen wollte. Am Nachmittag brachte sein Chauffeur mich nach Clifton zum Shopping: Ich kaufte Kleider, Sandalen, Parfüm. Für ihn suchte ich ein leicht herbes Eau de Cologne aus: *Cool Water*.

Auch heute habe ich ein Fläschchen davon auf meinem Nachttisch stehen, und abends sprühe ich mir ein wenig davon auf und denke an diese ersten Tage zurück.

Was für ein Pech! Genau an diesem Abend bekomme ich meine Tage. Ich schäme mich schrecklich und sage zu Bilal: »Ich schicke dir eine sehr schöne Freundin von mir.« »Das ist nicht nötig«, sagt er, »ich bin gern mit dir zusammen.« Ich habe keine Ahnung wieso, aber ich lasse nicht locker und lasse Shabò kommen, eine groß gewachsene und üppige Cousine von mir. Ich selbst ging im Wohnzimmer schlafen und trank ein wenig zu viel, um die Stiche der Eifersucht nicht so stark zu spüren. Am nächsten Morgen kam Bilal, nahm mich in den Arm, trug mich in das große Bett hinüber und legte mich zwischen sie beide: Aber mir war überhaupt nicht zum Lachen zumute, und nach kurzer Zeit sagte ich: »Ich gehe jetzt«, auch wenn ich nicht die geringste Lust zu gehen hatte. Shabò schlug Bilal vor, noch ein wenig zu bleiben, aber er sagte, er habe zu tun. So sind meine Cousine und ich gemeinsam gegangen, und jede von uns kehrte zu sich nach Hause zurück.

Das Schlimme war, dass es mir bei mir daheim nicht mehr gefiel. Mein Zuhause kam mir so düster vor. Ich hatte weder Lust, mit Nauman zusammen zu sein, noch mit Mama, noch mit anderen. Ich hatte zwar das große Bedürfnis, mit jemandem zu reden und zu erzählen, was in mir vorging: Aber ich wusste, das war unmöglich, im besten Fall hätten sie mich ausgelacht. In gewissen Familien wird ein Mädchen, das sich verliebt, von seinen Brüdern verprügelt. Es geht sogar die Rede, dass eine wunderschöne Tänzerin, Nadra, die auch Filmschauspielerin gewesen ist, auf Geheiß ihrer eigenen Mutter von den Leibwachen umgebracht wurde, weil sie sich verliebt hatte, heiraten wollte und ein anderes Leben führen wollte.

Noch am selben Abend fragte Bilal mich: »Kommst du?« Ich sagte ihm, es täte mir leid, aber ich hätte an diesem Abend schon etwas anderes vor. Das stimmte gar nicht, aber eine Frau darf einen Mann nie merken lassen, dass sie bereit wäre, sich ihm zu Füßen zu werfen. Am nächsten Morgen klingelte wieder das Telefon, ich war gerade auf dem Balkon, sah seine Nummer auf dem Display, mein Herz schlug heftig. Ich ließ es lange klingeln, dann ging ich dran: »Warum kommst du nicht zu mir?«

Diesmal sagte ich Ja. Ich zog einen weißen *shelwar kamiz* an und ging Essen kaufen: *nan*, Kichererbsen, Huhn, Pflaumen, Mangos, Trauben. Er musste lachen, als er mich mit den vollen Einkaufstüten ins Hotel kommen sah: Eine Tänzerin ist nie alleine mit ihren Einkäufen unterwegs. Keine Frau macht so etwas, es sei denn, sie ist wirklich arm: Es gibt immer jemanden, der die schweren Taschen für sie trägt. Monate später sagte er mir, dass die Mangos gerade aus der Gegend kamen, in der er geboren war. Ich hatte mich so sehr in ihn verknallt, dass ich nur daran dachte, wie ich ihm so viel Gutes tun konnte wie nur möglich und ihm alle Köstlichkeiten zu probieren geben wollte, die Karachi hergab.

An diesem Nachmittag kamen seine Freunde vorbei, und wir hatten nicht viel Zeit, alleine zu sein, aber von Zeit zu Zeit fragte Bilal: »Wie würde dir ein Haus gefallen?« »Welche Farbe sollen die Vorhänge haben?« »Und das Schlafzimmer, wie soll das aussehen?«

Am Abend ging ich nach Hause und hörte ein paar Tage nichts mehr von ihm. Ich war sehr traurig und hatte größte Lust ihn anzurufen, widerstand aber der Versuchung. Nach einer Woche sahen wir uns endlich wieder. Und hatten Sex miteinander. Wir blieben zwei Tage im Hotel, aßen wenig oder fast gar nichts und verbrachten die Nächte, indem wir uns indische Filme anschauten.

In den letzten Jahren wurde der Kuss in Indien und Pakistan aus den Augen verbannt. Die Produktionen aus Bollywood, der indischen Filmindustrie, haben sich ganz und gar den strengen Sitten angepasst, die in Pakistan herrschen, seit 1980 die islamischen Verordnungen, die so genannten Hudood Ordinances, eingeführt wurden.

Schon seit langem gibt es in den indischen Filmen, die den Markt der Home-Videos in Pakistan beherrschen (öffentliche Kinoaufführungen von Filmen aus Indien, dem Land des Feindes, sind verboten), keine Kussszenen mehr. Es werden schmachtende Blicke getauscht, es wird viel geseufzt, man hält Händchen, vielleicht streichelt man sich übers Haar: Aber Küsse auf den Mund, das kommt nicht in Frage. Diese verbotene Frucht kann man nur genießen, wenn man sich amerikanische Videos oder DVDs ansieht, ohne Wissen der konservativen Familienmitglieder natürlich.

Die Bollywood-Filme für den Binnenmarkt bieten herrliche Bilder und strahlend schöne Frauen, viel Schmalz oder grausame Geschichten von Liebe und Rache: Das Ganze ist mit einer derartigen Langsamkeit zusammengeschnitten, dass es auf dem westlichen Markt nicht die geringste Chance hätte. Dafür kann man in diesen Filmen wie auf einem Abziehbild erleben, was das Ideal eines Lebensmodells ist oder sein sollte, das der Tradition entspricht und dennoch modern ist. Die Eltern werden stets in Ehren gehalten, auch wenn sie für die Bedürfnisse ihrer Kinder keinerlei Verständnis haben, die jungen Männer studieren und gehen auf die Universität, die Mädchen arbeiten manchmal sogar oder leben allein. Die Gewalt der amerikanischen Thriller hat hier keinen Platz, dafür gibt es eine Menge schallender Ohrfeigen wegen Nichtigkeiten zu sehen, die von beiderlei Geschlecht reichlich ausgeteilt werden.

Es war wunderschön und ausgelassen. Er brachte mich zum Lachen und behandelte mich gleichzeitig sehr zärtlich. Er sagte: »Du bis wie ein Vögelchen, ich könnte dir den Arm ausreißen, wenn ich zu stark dran zöge.« Ich schämte mich vor ihm, zog mir die Bettlaken über das Gesicht, wollte nicht, dass er meinen Körper sieht: Er war so groß und so schön, und ich war so klein und mager, und meine Haut war viel dunkler als seine. Ich hatte Angst, er würde mich auslachen. Stattdessen war Bilal ganz behutsam, er verlangte keine ausgefallenen Sexpraktiken, er umarmte mich von hinten, während ich zusammengekrümmt dalag wie ein Ungeborenes im Mutterleib. Die Zeit verging wie im Flug, es machte mich traurig, wieder nach Hause gehen zu müssen. Wir hatten nicht nur Sex, Bilal machte es Spaß, sich zu unterhalten und gemeinsam Filme anzuschauen. Ich konnte es nicht fassen, dass er mich anderen vorzog, es gab doch so viele schöne Mädchen, die er hätte haben können: Ein Anruf hätte genügt.

Als er Lust auf eine Shopping-Tour bekam, fuhren wir in die Tariq Road, eine elegante Straße, in der alles sehr teuer ist. Für sich kaufte er Kleider, Brillen, Schuhe, für mich ein Parfüm, zwei *shelwar kamiz* und einen riesigen Plüschteddy.

Ich ging noch ein paar Mal zu ihm ins Hotel. Er ließ mich von seinem Chauffeur oder von dem gemeinsamen Freund abholen, der uns einander vorgestellt hatte und der ebenfalls Bilal hieß. Einmal sagte mir dieser Freund: »Wenn du nicht da bist, findet Bilal keine Ruhe mehr.« Bei der Gelegenheit maß ich dieser Bemerkung eine besondere Bedeutung bei. Ein anderes Mal sagte er: »Gehen wir zu Bilal zu einer Abendgesellschaft.« Und er brachte mich in ein ganz neues Haus, das haargenau meinen Wünschen entsprach, von denen ich ihm erzählt hatte: Das Schlafzimmer mit Teppichboden und Vorhängen in Perlgrau, schwarz glänzende, moderne Möbel, und vor dem Bett ein niedriges Schränkchen mit Fernseher und der Stereoanlage. Der Freund berichtete mir, dass Bilal innerhalb von nur einer Woche die Fassade des Gebäudes neu hatte streichen lassen, ganz in Weiß, um mir eine Überraschung zu bereiten.

Er hatte meinen Traum Wirklichkeit werden lassen.

All das machte mir natürlich große Freude, aber ich glaubte deshalb nicht, dass er sich in mich verliebt haben könnte: Ich wusste nur allzu gut, wie vergänglich die Leidenschaft eines Mannes für eine Frau sein kann. Zwar fühlte ich mich stark von ihm angezogen: Aber gleichzeitig, ich weiß nicht warum, misstraute ich ihm auch. Ich wusste zwar, dass Bilal reich und mächtig war, aber nie erzählte er mir von seiner Arbeit. Ich hatte erfahren, dass er fünfzehn Jahre in England gelebt hatte, aber er hatte mir nie etwas aus seinem Leben erzählt. Als ich eines Abends ein Engagement hatte, hatte ich ihm angeboten, ihm ein anderes Mädchen zu schicken: Erst hatte er abgelehnt und dann doch Ja gesagt. Hinterher behauptete er, sie hätten keinen Sex gehabt, aber ich glaubte ihm nicht. Eines Nachmittags, als ich zu ihm nach Hause kam, traf ich ihn an, wie er mit einer älteren Frau trank, die sehr sexy war und in der Wohnung gegenüber wohnte. Ich hatte diese Frau schon einmal gesehen und war gleich sicher gewesen, dass zwischen ihr und Bilal irgendetwas im Busch war. Diesmal sagte er, er würde sie jetzt nach Hause begleiten – das waren ja nur ein paar Schritte –, aber nach zwei Stunden war er immer noch nicht wieder da. Ich ging zurück zu mir nach Hause, und als er mich anrief, ich solle doch zurückkommen, sagte ich, dass ich mich nicht wohl fühlte. Doch am selben Abend lud mich eine Freundin ein, mit ihr zu einer Abendgesellschaft zu gehen, und da habe ich dann Bilal getroffen. Es war mir sehr peinlich, und ich bin sofort weggefahren, aber er rief mich prompt an und bestand darauf, ich solle zu ihm kommen. Ich gab nach, und als ich ankam, war er äußerst aufgebracht. »Du hast mich betrogen!«, rief er und schlug mir hart ins Gesicht. Da sagte ich mir: »Jetzt reicht es«, und antwortete eine ganze Woche lang nicht auf seine Anrufe. Dann rief mich unser gemeinsamer Freund an, um mir mitzuteilen, dass es Bilal sehr schlecht ging: Ich fuhr zu ihm, wir brachten ihn ins Krankenhaus, wo wir dann erfuhren, dass es bloß die Nachwehen eines kolossalen Besäufnisses waren.

Nach diesem Satz gibt es eine Unterbrechung meiner Mitschrift von Fakhras Erzählung über das Leben in Karachi. Es folgt eine kurze Botschaft, in Druckbuchstaben geschrieben, damit Fakhra sie in ihr Handy eintippen konnte: »Dear Bilal, your calls upset me. I do not hate you but I prefer not to hear from you. Please do not call again.« *(Lieber Bilal, deine Anrufe regen mich zu sehr auf. Ich hasse dich nicht, aber ich würde den Kontakt lieber abbrechen. Bitte ruf mich nicht mehr an.)*

An jenem Nachmittag, als Fakhra wieder einmal die Bruchstücke ihres Lebens zusammenzufügen versuchte, hatte ihr Handy angefangen zu klingeln. Ein Blick auf das Display genügte, und sie drückte sofort auf »Anruf ablehnen«. Sie war aufgewühlt. »Es ist Bilal«, sagte sie. Kurz darauf ertönte das kurze SMS-Signal, und auf dem Display erschien folgende Nachricht: »Roses can cry, rivers can dry, u can forget but how can I?« *(Rosen können weinen [!], Flüsse austrocknen, du kannst mich vergessen, aber wie könnte ich vergessen?) Diese Nachricht schickte er nicht zum ersten Mal: Genau dieselbe war schon die Woche zuvor angekommen. An diesem Nachmittag klingelte Fakhras Handy (das sie nicht ausschaltete, weil Nauman nicht in Rom war) immer wieder. Sie war völlig verstört: Ein kleines Mädchen, über dem ein Unwetter tobt. Ihre flehentliche Bitte – ruf mich bitte nicht mehr an – gab ihr nur ein paar Tage Atempause. Nach kürzester Zeit begann der SMS- und Telefonterror das Mädchen von neuem zu verunsichern. Ihr Kopf hatte sich für den endgültigen Schlussstrich entschieden, aber ihr Herz war noch nicht ganz bereit dazu.*

Bei Bilal wurde jeden Abend gefeiert, und wenn ich ein wenig getrunken hatte, bekam ich Lust zu tanzen: Er fand das gar nicht gut, ich sollte immer nur für ihn allein hinter verschlossenen Türen tanzen. Er verbot mir außerdem, mit seinen Freunden zu sprechen. »Mir gefällt nicht, wie sie dich ansehen«, sagte er. »Du bist meinetwegen gekommen, du bist die Meine.« Er konnte es auch nicht leiden, wenn ich mich einmal mit einem anderen Mädchen unterhielt. Einmal, als ich gerade mit einer Freundin in der Küche stand, nahm er mich in den Arm und führte mich ins Schlafzimmer. Dort sagte er einen Satz, der mich im ersten Moment ganz gerührt machte: »Ich bin sehr einsam, aber wenn du in meinen Armen liegst, fühle ich mich stark und bin nicht mehr einsam.« Später erfuhr ich, dass er drei Kinder hatte und bereits vier Mal verheiratet war. Zu jener Zeit hatte ich nicht die leiseste Ahnung, wer Bilal wirklich war: Ich wusste, dass er reich und gebildet war und Englisch sprach wie ein Engländer. Erst ein paar Tage nach unserer Hochzeit erfuhr ich, dass er der Sohn von Mustafa Khar war, einem der größten Feudalherren Pakistans.

Bilals Liebesschwüren glaubte ich nicht oder jedenfalls nicht ganz: Aber die Wahrheit ist, dass ich nicht mehr ohne ihn sein konnte und keine Lust mehr hatte, für andere zu tanzen oder immer dieselben Freundinnen zu treffen. Ein paar Monate nach unserem ersten Treffen waren wir eines Abends mit ein paar anderen Leuten aus, als Bilal mich fragte: »Heiratest du mich?« »Ja, ja«, antwortete ich lachend: Ich dachte, er macht bestimmt Witze.

Eines Abends, als er zu viel getrunken hatte – wenn Bilal trank, wurde er entweder bösartig oder zärtlich und anhänglich –, erzählte er mir die Geschichte seiner Mutter, Safiya Niasi. Als Bilals Vater Mustafa mit ihr verheiratet war – sie war eine schöne Frau, die als Stewardess arbeitete –, verlangte er von ihr, wohl aus Eifersucht auf die Blicke, die die Passagiere ihr zuwerfen konnten, dass sie ihre Arbeit aufgab und nur noch in seinem Haus auf dem Lande lebte. Das war ein Haus mit allem erdenklichen Komfort und vielen Dienstboten, aber weit weg von Lahore, von ihrer Familie, von ihren Freunden. Nach ein paar Monaten der Einsamkeit hatte Safiya Trost beim Bruder ihres Ehemannes gesucht, und sie waren gemeinsam nach London durchgebrannt. Bilal war damals acht Jahre alt. »Ist dir klar, was sie gemacht hat?« sagte Bilal. »Ich schämte mich vor der ganzen Familie. Unsere Frauen dürfen so etwas nicht tun!« Im Grunde seines Herzens hat er ihr nie verziehen: Auch wenn er sie in London besucht hatte, als Mustafa, der damals mit Tehmina verheiratet war, aus politischen Gründen dorthin ins Exil gegangen war.

Safiya und der *chacha* (der Onkel) von Bilal lebten zehn Jahre zusammen, dann starb er, und Safiya kehrte nach Lahore zurück, wo ich sie nach der Hochzeit mit

Bilal kennengelernt habe. Sie hat mich freundlich empfangen, wir waren uns sympathisch, und sie hat mich oft angerufen, auch noch hier in Rom. Wenn ich daran denke, was sie mir über Bilal erzählt hat, stelle ich mir heute die Frage, ob sie mich nicht eigentlich vor ihm warnen wollte. Das Erste, was sie feststellte, als sie uns zusammen erlebt hatte, war: »Du bist die einzige Frau, die sich traut, offen mit ihm zu sprechen.« Erst habe ich dem keine Aufmerksamkeit geschenkt, aber etwas später fiel mir dieser Satz wieder ein, als ich das Verhalten der Diener bemerkte. Wenn Bilal einen von ihnen rief, kam er im Laufschritt an und murmelte dann mit gesenktem Kopf: »*Jeeh, sahib*«, ja, Herr, zu Befehl, und sah völlig verängstigt aus. Wenn Bilal einmal leutselig gegenüber einem Hausangestellten sein wollte, fragte er ihn: »Hast du gegessen, du Trottel?« Eines Tages fragte ich ihn: »Warum haben die alle Angst vor dir?« »Das ist in unserer Kultur so«, gab er zur Antwort. Und damit war das Thema erledigt. Weitaus beunruhigender war eine Episode, von der Safiya mir erzählte: In London hatte Bilal einmal mit einem Mädchen gestritten und es so sehr verprügelt, dass ihr das Blut aus den Augen floss.

Leider will man nichts sehen und nichts hören, wenn man verliebt ist, und es bringt überhaupt nichts, wenn einen jemand zur Vernunft bringen will.

Dagegen glaubte ich blindlings das, was Bilal mir erzählte: Als er eines Abends wieder einmal vertrauensselig wurde, erzählte er mir, dass er zwei Mal verheiratet gewesen war (in Wirklichkeit vier Mal) und zwei Kinder hatte (es waren vier). Die zweite Frau, Ruxane, war gleichzeitig seine Cousine, weil Ruxanes Mutter die erste Frau von

Mustafa gewesen war, dessen Cousine sie war und in zweiter Ehe einen Bruder Mustafas geheiratet hatte, dem sie Ruxane und weitere Kinder geboren hatte. Bilal erzählte, sie habe versucht, ihn zu vergiften. »Mein Ärmster, wie sehr musst du gelitten haben!«, sagte ich zu ihm, immer bereit, alles zu glauben, was er mir sagte.

Ich war rettungslos verliebt, so viel ist sicher, aber ich hatte immer noch Angst vor der Ehe. Außerdem hatte ich immer noch Schuldgefühle beim Gedanken ans Heiraten: Das war etwas, was ich nur für mein eigenes Glück tun würde, also eine egoistische Handlung. Ich wusste, wenn ich einmal verheiratet war, würde ich nicht mehr so großzügig wie zuvor für meine Familie sorgen können. Auf der anderen Seite wollte ich aber Bilal nicht verlieren. Um keinen Preis.

Vielleicht, weil ich im tiefsten Inneren immer noch unentschlossen war, verpasste ich eines Vormittags meinen eigenen Hochzeitstermin. Bilal hatte mir gesagt: »Komm morgen um zehn Uhr ins Standesamt, dann heiraten wir.« Vielleicht war ich immer noch nicht ganz überzeugt, dass er es ernst meinte: Oder vielleicht war ich zu spät ins Bett gegangen und habe deshalb den ganzen Morgen bei ausgeschaltetem Handy verschlafen.

Nach dem verpassten Termin war Bilal sehr wütend und sprach ein paar Wochen lang nicht mehr von Ehe. Mir wurde aber von Tag zu Tag klarer, dass unsere Verbindung etwas Ernstes war: Seine Freunde verhielten sich ihm gegenüber anders, sie machten keine anzüglichen Bemerkungen mehr, jedenfalls in meiner Gegenwart nicht, sie führten ihm keine Mädchen mehr zu und nannten mich Bhabi. Eines Abends erhielt ich einen Anruf von Nisha, Tehminas Tochter, mit der ihn große Zuneigung verband (und immer noch verbindet), die mir sagte: »Ich bitte dich, heirate ihn, mein Bruder ist hoffnungslos verliebt in dich.«

Was mich aber am meisten betroffen machte, war die Bitte, mit Mama zu reden. Sie verlangte daraufhin, dass Bilal ein Haus kaufen und auf mich überschreiben sollte, eine ordentliche Geldsumme für Nauman anlegte und für mich ebenfalls. Er versprach es, aber kaum waren wir draußen, offenbarte er mir seine Verlegenheit: »Wie soll ich in den paar Tagen all das machen, was sie von mir fordert?« Und wie man sich vorstellen kann, sagte ich sofort, dass Geld mich nicht interessierte, dass nur die Liebe zählt und so weiter und so weiter. Und zuletzt sagte ich: »Wir heiraten einfach und basta.«

Am Tag der Hochzeit – es war ein Sommermorgen – wusch ich mir das Gesicht, zog einen crèmefarbenen *shelwar kamiz* an und ging zum City Court, zum Gericht. Alles ging sehr schnell über die Bühne, und danach gingen wir in eine private Kanzlei, um unsere Verbindung von einem Mullah bestätigen zu lassen. »Wie viel fordern Sie im Scheidungsfall?« Die Frage war an mich gerichtet, aber Bilal antwortete statt meiner: »Schreiben Sie: Das, was die Braut will.« Aber ich sagte: »Nichts, ich will gar nichts. Und warum sollte diese Ehe irgendwann vorbei sein?« Er schenkte mir einen Brillantring und einen riesigen Strauß roter Rosen. So wurde ich Mrs Malk Bilal, und wir waren Mann und Frau. Oder besser gesagt: Ich wurde die Ehefrau eines Mannes, der mir noch nicht gesagt hatte, wie er hieß. Soweit ich damals wusste, war ich Frau Bilal geworden: Ich dachte tatsächlich, das sei sein Familienname, er hatte mir noch nicht gesagt, dass er ein Khar war – ein Name, den in Pakistan jeder kennt, weil eine der mächtigsten Familien des Landes so heißt. Es war ein Freund von Bilal, Zen, der mir eines Abends die Augen öffnete. »Sag mal, weißt du eigentlich, dass dein Mann der Sohn von Mustafa Khar ist?« Bilal lachte und fragte mich: »Na, bist du froh, Mustafas Schwiegertochter zu sein?« Ich entgegnete: »Hör mal, ich habe dich geheiratet, um deine Frau zu werden, nicht die Schwiegertochter von Mustafa.« Für mich waren wir nur Bilù und Patò, die Kosenamen, die wir uns in den ersten Tagen unserer Liebe gegeben hatten.

Wie ich schon gesagt habe, ist das Denken ausgeschaltet, wenn man verliebt ist: Aber so verliebt ich auch war, völlig willenlos war ich dann doch nicht. Am Abend unserer Hochzeit sollten wir mit einem seiner Freunde zu Abend essen, und ich trug nach westlicher Mode einen Rock, der mir bis zu den Knien reichte. »Aber man sieht ja deine Beine!« rief er entrüstet. »Na gut, dann bleibe ich eben zu Hause.« Und so war es dann auch. Mehr noch, ich fuhr nach Hause zu mir, auch um ein wenig Zeit mit Nauman zu verbringen, der damals vier Jahre alt war. Ich hatte weder meiner Mutter, noch meiner Schwester, noch irgendeiner von meinen Freundinnen Bescheid gesagt, dass ich heiratete: Ich wusste genau, dass sie mich nur kritisiert oder sogar beschimpft hätten.

Bilal war einigermaßen irritiert von meinem Schweigen gegenüber Verwandten und Freunden. »Das ist doch nicht zu glauben! Du bist meine Frau und sagst es niemandem!« Es hatte keinen Zweck, ihm die spezielle Mentalität zu erklären, die in der Welt des Tanzes herrscht, deshalb versuchte ich irgendwie einen Mittelweg zu finden zwischen dem, was er für richtig hielt, und den Ansichten meiner Familie. Als ich meiner Schwester endlich sagte, dass ich verheiratet war, glaubte sie, ich machte Witze. »Aber ja, ich sage es dir doch, es stimmt wirklich«, sagte ich. Und sie gab zurück: »Aber wie hast du denn heiraten können, schließlich hast du doch ein Kind?«

Ihre Worte gaben meiner Unruhe neue Nahrung: Ich war nämlich keineswegs sicher, mit dieser Heirat das Richtige getan zu haben, aber damals hoffte ich noch, dass es mir gelingen würde, alles ins Reine zu bringen.

Ich versuchte Nauman zu uns in Bilals Haus zu holen. Sie hatten einander schon kennengelernt, Nauman hatte ein großes Stofftier von ihm geschenkt bekommen, und Bilal hatte ihm ein Kinderzimmer einrichten lassen. Nauman protestierte zwar nicht, aber ich merkte bald, dass er nicht glücklich war: Ich hatte ihn aus *seinem* Zuhause herausgeholt, wo er mit der Tante zusammen sein konnte, die ihn aufgezogen hatte und eine Etage höher lebte. Im Defence-Viertel, wo wir lebten, war er schließlich sehr oft allein: Wenn Bilal da war, war ich immer bei ihm, und er war wirklich nicht der Typ, der seine Zeit mit Kindern verschwendet.

Bilal war häufig zu Hause. Er war nur selten durch seine Arbeit in Anspruch genommen und hatte mir ohnehin nie genau gesagt, worum es sich dabei eigentlich handelte, aber ich wunderte mich nicht sonderlich darüber, dass er so viel zu Hause war: Auch Hemat war nur selten ins Büro gegangen. Wie alle wichtigen Leute hatte er andere für sich arbeiten lassen und bekam dafür massenweise Geschenke, darunter auch Gegenstände aus Silber, in die sein Name eingraviert war.

Bilal war entsetzlich eifersüchtig: Er überwachte all meine Bewegungen, er misstraute allem, was ich ihm sagte. Wenn ich zum Friseur oder zur Kosmetikerin ging, rief er mich nie auf dem Handy an, sondern immer über die Festnetznummer des Salons, um sicherzugehen, dass ich wirklich dort war.

Eines Abends spielte ich mit Nauman in seinem Zimmer in Gesellschaft meines Cousins Ranah. Ich wartete, dass Bilal nach Hause kam, denn dann war es für Nauman Zeit, allen Gute Nacht zu sagen. Aber die Zeit verging und Bilal kam nicht zurück, und so schliefen wir einer nach dem anderen ein. Mitten in der Nacht weckte mich Bilal. »Komm mit aufs Zimmer«, sagte er. Und dort schlug er mich ohne ein weiteres Wort brutal zusammen. Hinterher brach er wie all die Male danach in Tränen aus und bat mich um Verzeihung. Er sagte, die Anwesenheit eines Mannes in dem Zimmer, in dem ich eingeschlafen war, habe ihn den Kopf verlieren lassen. Ich verzieh ihm, wir versöhnten uns, und Mama erklärte ich, dass mein blaues Auge daher kam, dass Nauman beim Baseball einen Ball danebengeschlagen hatte.

Eine pakistanische Ehefrau

Zwischen Freud und Leid, Küssen und Prügeln – aber es gab immer noch mehr Küsse als Prügel – lebten wir in Karachi in einer Welt fern von der Wirklichkeit: Ein einziger langer Honeymoon, mit der einen oder anderen Zankerei vielleicht, aber mit vielen Augenblicken des Glücks. Bilal war sehr herrschsüchtig, er sagte zu mir: »Schmink dich nicht, sprich nicht zu viel, lass mich nie auch nur einen Moment alleine«, aber das war für einen pakistanischen Ehemann ein ganz normales Verhalten. Wir lebten ganz für uns selbst und hatten uns, abgesehen von Nauman, von unseren Familien vollkommen isoliert. Aber ein Problem gab es: Bilal war knapp bei Kasse. »Fahren wir nach Lahore: Ich muss mit Papa sprechen«, sagte er eines Tages. Er sah besorgt aus: Ich begriff sofort, dass er bei dem Gedanken, seinem Vater sagen zu müssen, dass ich eine Tänzerin war, Angst bekam.

Ich packte einen Koffer mit ein paar Kleidern, gab Nauman in die Obhut meiner Schwester und überließ Mama das Geld, das Bilal mir gegeben hatte: Ich war auf eine kurze Reise eingestellt und wusste nicht, dass dies in Bilals Plänen bereits ein Umzug war. Später erfuhr ich, dass er unser Haus in Karachi an Freunde abgetreten hatte.

In Lahore wohnten wir etwa drei Wochen im Hotel. Damals wusste ich nicht, dass wir nicht in das Haus seiner Familie ziehen konnten – das nur ein Teil von Mustafas Residenz war –, weil dort immer noch Ruxane wohnte, seine vierte Ehefrau. Sie hatte Glück gehabt, diese Ehefrau und Cousine: Sie war die Einzige, die Bilal nicht zu schlagen wagte, weil der Zorn seiner mächtigen Familie schreckliche Folgen haben konnte. Nach meiner Abreise nach Italien blieb Bilal schließlich bei ihr wohnen, und sie bekamen noch einen Sohn, aber dann packte Ruxane irgendwann ihre Koffer und ging, ich weiß nicht, warum. Sie nahm den Letztgeborenen mit, während die beiden älteren Kinder, ein Junge und ein Mädchen, bei Bilals Mutter blieben.

Wenige Tage nach unserer Ankunft fuhren wir übers Wochenende nach Islamabad. Das war schön: Es regnete, wir unterhielten uns und lachten viel. Aber dort wurde Bilal noch restriktiver, was meine Art, mich zu kleiden, anging: »Leg dir einen Schal um, ich will nicht, dass jemand die Arme meiner Frau sieht.« Ich sagte: »In Ordnung«, weil ich glücklich war und ich gerne an der Seite dieses wichtigen Mannes war, bei dem ich mich beschützt fühlte. Aus Angst, ihn zu verärgern, wagte ich nicht, ihn zu fragen: »Wann stellst du mich deinem Vater vor?«, und ich traute mich auch nicht, ihm zu sagen, wie sehr ich darunter litt, von meinem Sohn getrennt zu sein.

Zu Beginn des Jahres 2000 ist Pakistan ein Land auf dem Scheideweg zwischen Gegenwart und Vergangenheit. Ein Land, in dem das Mittelalter parallel zum dritten Jahrtausend existiert. Es ist derzeit nicht absehbar, welche Strömung den Sieg davontragen wird: die bleierne Schwere der Tradition oder der frische Wind des Neuen, das heißt das Bedürfnis nach sozialer Gerechtigkeit und dem Recht auf persönliche Freiheit, vor allem für die Frauen. Aber was man in Pakistan sehr wohl wahrnimmt, ist das Gefühl unerträglicher Ungerechtigkeit in Fällen, die man früher mit einem resignierten »Das war schon immer so« zu den Akten gelegt hätte.

Ein Beispiel ist der karo-kari, der Ehrenmord. Ein uraltes Stammesgesetz gestattet unter anderem, denjenigen zu töten, der sich gegen den Willen der Familie verheiratet. Großes Aufsehen erregte der Fall von zwei nicht mehr ganz jungen Liebenden. Beide waren Ärzte, er war siebenundvierzig – Ghulam Mustafa Solangi, Dermatologe –, sie vierundvierzig, Amnat Solangi, Gynäkologin. Die Heirat geschah mit Einwilligung der Mutter der Braut, doch ihre Brüder waren dagegen, da sie in Amnat eine beträchtliche Einkommensquelle für die Familie sahen. Eine Versammlung der jirga – der Rat der alten Stammesoberhäupter, der theoretisch gesetzlich verboten ist – hatte den Brüdern gestattet, die Jungvermählten zu töten, die sich einer Scheidung verweigerten. Das Ehepaar Solangi, das nach einem fehlgeschlagenen Attentat zwangsweise untergetaucht lebt, nahm im Juli 2004 an einer Fernsehsendung teil, während derer das Justizministerium versprach, sie zu schützen, und einen Gesetzesentwurf der Regierung zur Revision der islamischen Gesetze und zur Gleichstellung von Ehrenmorden und anderen geplanten Morden ankündigte.

Von Islamabad aus fuhren wir nach Merin. Das ist ein zauberhafter Ort in 1900 Meter Höhe in den Bergen, wo noch Schneeleoparden vorkommen. Diese inzwischen sehr seltenen Tiere dürfen nicht gejagt werden, allerhöchstens kann man sich auf die Lauer legen und darauf hoffen, sie aus großer Entfernung einmal zu Gesicht zu bekommen. Auf jeden Fall hatte Bilal diesmal keine Lust auf die Jagd: Er ließ die Diskothek zwei Stunden früher öffnen als gewöhnlich, wir tanzten für uns allein, glücklich über unsere Zweisamkeit, er ging mit mir auf den Kinderspielplatz, wir redeten und lachten, alles weckte unsere Fröhlichkeit, auch die Tatsache, dass ich mitten im Restaurant voller elegant gekleideter Gäste meinen Milchshake fallen ließ. Wahrscheinlich fühlte Bilal sich auch geschmeichelt, als er sah, wie überrascht ich über seine Machtstellung war: Alle auf der Straße grüßten ihn, wer ihn schon kannte, sprach ihn mit Namen an, die anderen verbeugten sich. Die Familie Khar hatte einst Land abgetreten, um aus Merin ein Ferienziel zu machen, und aus diesem Grund gab es neben all den anderen Annehmlichkeiten auch einen Hubschrauber, der stets abflugbereit dastand, um Mustafa zu holen.

In Islamabad kaufte ich ein Parfüm für Nisha, Bilals geliebte Schwester – Stiefschwester, um genau zu sein –, die mich in Karachi angerufen hatte, um mich zur Heirat zu überreden. Auf dem Rückweg von Merin nahmen wir sie für eine kurze Fahrt nach Lahore mit. Als sie ins Auto stieg und mich sah, rief sie: »*How cute!*«, wie entzückend. Seit diesem Augenblick herrschte sofort eine tiefe Sympathie zwischen uns, die uns noch heute verbindet. Und abgesehen davon schulde ich ihr Dank für das, was nachher geschehen ist.

In den reichen Familien Pakistans wird Englisch gesprochen: Die Kinder werden so früh wie möglich zum Studium nach England, die USA oder Kanada geschickt und kehren mit einer ausgeprägten Vorliebe für die Sprache und die Sportarten jener Länder zurück: Nicht ohne Grund hat Pakistan eine der weltbesten Kricket-Mannschaften und ist das Gastland für eines der berühmtesten internationalen Polo-Turniere. Auch Bilal und seine Mutter sprachen Englisch miteinander, wenn ich dabei war: Auch dann, wenn er oder sie kurz zuvor noch Urdu mit mir gesprochen hatte. An den Namen, von denen die Rede war, begriff ich, dass sie von Mädchen sprachen: Ich fragte mich immer, ob dies ihre Art und Weise war, mich vom Gespräch auszuschließen oder vielleicht, jedenfalls was Safyia anging, den Klassenunterschied zwischen ihnen und mir hervorzukehren.

Abgesehen von diesem Detail hatte Bilals Mutter mich mit großer Herzlichkeit aufgenommen. Unsere erste Begegnung hatte eines Abends im Krankenhaus stattgefunden. Bilal war ins Hotel gekommen und hatte gesagt: »Mama geht es schlecht, sie liegt im Krankenhaus, komm mit.« Ich war froh und sehr aufgeregt. Froh, weil Safyia mir eine freundliche Geste erwiesen und mir eine Tasche, ein Kleid und ein Parfüm geschickt hatte; und aufgeregt wie jedes andere pakistanische Mädchen, wenn sie zum ersten Mal der Mutter ihres Ehemannes vorgestellt wird. Ich hatte mir zum Zeichen des Respekts ein Kopftuch aufgesetzt, sie mit »Sie« angesprochen und sie *»auntie«* genannt, während Safyia mich duzte. Ich fand sie sympathisch, modern, offen. Wir blieben die ganze Nacht bei ihr.

Am nächsten Morgen kam Alì, Tehminas jüngster Sohn. Er grüßte mich ehrerbietig und nannte mich Bhabi, aber Bilal kehrte gleich alles ins Lächerliche und sagte zu ihm: »Hast du gesehen, was ich für eine schwarze Frau habe?« Galant wie er war, hatte Alì geantwortet: »Sie ist ein wunderschönes Mädchen.« Ein paar Tage später bekam Safyia Besuch von Bilals erster Frau Bobo mit der Tochter aus dieser Ehe, Arush, die inzwischen zehn Jahre alt war. Beide waren hinreißend schön: Groß, elegant, modern. Bilal verließ den Raum, als sie ankamen, und Arush lächelte ihrem Vater bloß ein wenig zu: Sie wechselten nicht ein Wort miteinander. Ich traf Bobo später noch einmal in Tehminas Haus, wo Safyia nach ihrer Entlassung aus dem Krankenhaus hinzog. Eine nicht nur schöne, sondern auch gebildete Frau aus guter Familie und sehr nett: Warum war die Trennung zwischen ihr und Bilal wohl so schlecht verlaufen, dass sie nicht einmal mehr miteinander sprachen? Ich traute mich nicht, nach einer Erklärung zu fragen, aber in meinem Herzen keimte die Angst auf.

Zwar war nun das Eis zwischen mir und der Mutter, einer Schwester und einem Bruder Bilals gebrochen, und vor allem auch mit Tehmina (die Bilal sofort gesagt hatte: »Wenn ihr Probleme habt, kommt zu mir nach Hause«), aber was seinen Vater anging, bewegte sich überhaupt nichts. Manchmal sagte Bilal zu mir: »Ich gehe mit Papa auf die Jagd, ich will ihm von dir erzählen«, aber ich wusste schon, dass das nicht stimmte: Und tatsächlich kam er wieder und erwähnte mit keinem Wort, was geschehen war. Mein Mann war der Lieblingssohn seines Vaters, und sein Vater hatte ihm unter die Arme gegriffen, als Bilal in der Vergangenheit riesige Summen für seine Kapriolen aus dem Fenster geworfen hatte: Aber diesmal hatte Mustafa sich in den Kopf gesetzt, seinem Sohn den Geldhahn zuzudrehen. »Erst verlässt du dieses Mädchen«, das war sein letztes Wort. Bilal blieb standhaft, aber er hatte nicht viel Spielraum. Eines Abends im Hotel sagte er: »Ich habe kein Geld mehr.«

In dieser Zeit fing ich an Haschisch zu rauchen, ein Mittel, das gegen alle Probleme hilft.

Dieses Problem aber blieb bestehen, und eines Morgens teilte Bilal mir mit, dass wir in das Haus einer seiner Dienerinnen ziehen würden. Ich wollte ihn nicht noch mit meiner Fragerei reizen und ihn auch wirklich nicht im Stich lassen, während er meinetwegen eine schwierige Zeit durchlebte. Aber nach ein paar Tagen sagte ich ihm: »Ich halte es nicht mehr aus.« Da machte er sich auf die Suche nach einer Wohnung für uns: Einerseits war ich froh, andererseits immer noch voller Unruhe, weil ich unsere Rückkehr nach Karachi in immer weitere Ferne rücken sah. Ich wusste von meiner Schwester, dass Nauman traurig war und immer fragte, wann denn seine Mama wiederkäme.

Eines Abends hatte ich endlich den Mut, mit Bilal zu sprechen und ihm zu erklären, warum ich tief in meinem Herzen so traurig war. Er war sehr lieb, umarmte mich und sagte: »Gib mir ein wenig Zeit, und du wirst sehen, das ich alles in Ordnung bringe.« Am nächsten Morgen fuhr er auf Wohnungssuche, wollte aber nicht, dass ich ihn begleitete. Er fand eine Unterkunft im Grüngürtel des Defence-Viertels: Wohnzimmer, zwei Räume, ein großer Balkon. Die Einrichtung beschränkte sich notgedrungen auf das Allerwichtigste: Eine Matratze auf dem Fußboten, ein paar Kissen, ein paar Küchengeräte und ein Videorekorder, der von Safyia kam. Tehmina lieh uns ein Startgeld, danach zahlte Safyia die Miete und gab uns Geld für Lebensmittel.

Auch hier gab es goldene und schwarze Tage, süße Momente und bittere Worte, Tränen und Küsse. Von morgens bis mittags, manchmal auch nachts war ich immer im

Krankenhaus bei meiner Schwiegermutter, aber der restliche Tag wurde mir immer schrecklich lang. Bilal war sehr liebevoll: Wir redeten, lachten, duschten zusammen, gingen spät abends aus, um noch einen Milchshake zu trinken. Manchmal rauchten wir auch Haschisch, eine leichte Droge, die appetitanregend und aufheiternd wirkt: An den Abenden, wenn er Haschisch gekauft hatte, machte Bilal immer einen Großeinkauf und kochte. Ich hatte gewöhnlich viel weniger Appetit als er, aber wenn ich richtigen Hunger hatte, war er glücklich und sagte »*mashalà*«, so ist es gut. Bilal konnte sehr gut kochen. »Patò, Patò, was möchtest du zum Frühstück?« fragte er und machte oft Pilze mit Chilischoten oder Obst mit Sahne. Und er nannte mich Vögelchen, Hühnchen oder kleine Nervensäge, wenn ich aus irgendeinem Grund widerspenstig war. Wenn ich traurig war, trat er hinter mich, umarmte mich und sagte: »Ich weiß, dass Nauman dir fehlt, aber du wirst sehen, alles wird anders.« Und er sagte auch: »Wenn du schläfst, spreche ich mit dir«, und wollte, dass wir eng umschlungen einschliefen, weil er sich so einsam fühlte.

Kleidern und Schmuck weinte ich keine Träne nach, ich hatte so viel davon gehabt, und ich wäre bereit gewesen, jeden Tag *dal rotì* zu essen, Brot und Linsen, das ärmlichste Gericht der armen Bevölkerung Pakistans: Ich liebte Bilal, und es genügte mir, einfach nur mit ihm zusammen zu sein. Es kam mir seltsam vor, dass Bilal mit siebenunddreißig Jahren immer noch von seinem Vater abhängig war. Als er ins Parlament gewählt worden war, hatte er gut gearbeitet, es heißt, dass er vielen Leuten geholfen hat: Aber in den schwierigen Zeiten, die wir gemeinsam durchmachten, als wir schließlich sogar in eine Einzimmerwohnung umziehen mussten, dachte er nie daran, sich eine Arbeit zu suchen.

Er war immer noch absurd eifersüchtig und hatte seltsame Ansichten darüber, was eine Frau aus der Familie Khar tun darf und was nicht. Er mochte es überhaupt nicht, wenn ich dem kleinen Mädchen bei der Arbeit half, das ab und zu bei uns putzen kam. »Mrs Bilal tut so etwas nicht!« sagte er. Wenn ich auf den Balkon trat, verfolgte er mich mit strengem Blick. »Unsere Frauen« – und er meinte die Frauen der Familie Khar – »stellen sich nicht auf den Präsentierteller. Du bist eine Frau aus der Napier Road, du bist zu viele Freiheiten gewöhnt.« »Genau«, antwortete ich, »das wusstest du doch, ich bin eben keine Nonne.« Antworten wie diese machten Safyia Angst. »Versuch Bilal nicht zu widersprechen«, riet sie mir. Ich konnte ohne ihn nicht mehr ausgehen; als ich einmal im Schönheitssalon nebenan war, um mir die Augenbrauen zupfen zu lassen, verprügelte er mich hinterher. Er war eifersüchtig auf die Ärzte im Krankenhaus, die mich seiner Meinung nach anglotzten, eifersüchtig auf den grauhaarigen Ehemann einer seiner Freundinnen, die älter war als wir, bei denen wir zum Essen eingeladen waren und der mich wohl zu aufmerksam angesehen hatte; eifersüchtig auf eine lesbische Nichte Safyias. Und wenn ich mich manchmal schminkte, argwöhnte er gleich, ich würde jemanden erwarten. Er hatte mir verboten, meine Freundinnen und Verwandten aus Lahore zu treffen, und nur ein einziges Mal war er bereit gewesen, zu Großcousine Badjiba zu gehen, der Ehefrau des Politikers.

Die einzige Zerstreuung bestand darin, zu Tehmina

zu Besuch zu gehen – zusammen, versteht sich! –, bei der inzwischen auch Bilals Mama wohnte. Einmal fuhren wir mit ihr nach Faisalabad, die Stadt, in der damals ihre Schwester lebte. In deren Haus wurde ich wie eine Dame behandelt und wäre gern ein paar Tage dort geblieben: Aber ich hatte nicht damit gerechnet, was die Anwesenheit eines zwanzigjährigen Cousins bedeutete. In der Nacht sagte Bilal weinend zu mir, dass der Junge mich angestarrt habe und er das nicht aushielte. Also fuhren wir zurück nach Lahore.

Dieses Leben einer Gefangenen, das Bilal mir aufzwang, ließ mich in Langeweile versinken und machte mich nervös und reizbar: Aber das war für eine pakistanische Ehe gar nichts Besonderes. In meinem Land hat eine gute Ehefrau sich den Wünschen ihres Mannes zu unterwerfen, zu Hause auf ihn zu warten, niemals auszugehen, sich nie mit entblößten Armen zu zeigen, geschweige denn die Beine beim Tragen eines westlich geschnittenen Kleides, sie darf nur dann sprechen, wenn sie gefragt wird, und muss immer die Augen niedergeschlagen halten, wenn Fremde anwesend sind. Und wenn er sie manchmal schlägt, muss sie das geduldig über sich ergehen lassen.

Es gab freilich ein paar Leute, die mich warnten. Die Dame, die über uns wohnte, sagte: »Worauf wartest du noch, verlass ihn! In ein paar Jahren wird er sich eine jüngere Frau nehmen oder ganz einfach eine andere. Und du wirst nie wieder als Tänzerin arbeiten können.«

In einer von erschreckender Frauendiskriminierung beherrschten Realität (zum Beispiel wiegt seit 1980 die Zeugenaussage einer

Frau vor Gericht nur halb so viel wie die eines Mannes) existiert in Pakistan eine unüberschaubare Vielzahl an Frauenorganisationen, die wie Tausende von fleißigen Ameisen sich trotz widrigster Umstände immer wieder Unabhängigkeit und auch Ansehen im Berufsleben und in der Bildung verschaffen, allerdings nur selten im Wirtschaftsleben.

Die Vereinigung Shirkat Gah, das bedeutet »Ort der Teilnahme«, wurde 1975 als Frauenkollektiv gegründet, hat heute Büros in Lahore, Karachi und Peshawar. Sie organisiert Fortbildungskurse, Solidaritätsaktionen und veröffentlicht interessante Studien rund um dieses Thema. Dahinter steht die Absicht, »eine Brücke zwischen der Lebensrealität der Frauen und der Politik zu schlagen«. Das WAF – Women's Action Forum – entstand 1981 in Lahore, um den Hudood Ordinances etwas entgegenzusetzen; es gibt weitere Büros in Islamabad und Karachi. Auf der Website von SAWNET – South Asian Women's Network – werden die Probleme und Nöte der Frauen im gesamten Südosten Asiens diskutiert. Women Living under Muslim Laws versucht den Kampf der Frauen aller Länder und muslimischer Gemeinden »von innen heraus« zu unterstützen. Neben diesen bekanntesten Gruppen gibt es viele andere, die zum Beispiel durch Kleinstkredite die Finanzierung kleiner, von Frauen geführter Unternehmen fördern; oder die sich um die Interessen von Frauen im Gesundheitsbereich oder bei der Fortpflanzung kümmern, um die Bedürfnisse von Lesben und Bisexuellen, um Kontakte zwischen Kricket-Fans auf der ganzen Welt und noch viele mehr.

Safyia gab sich damals große Mühe, eine Arbeit für Bilal zu finden. »Warte es nur ab, du wirst schon sehen«, sagte er mir andauernd, »alles wird anders werden.« Stattdessen änderte sich überhaupt nichts: Er hatte immer noch nichts zu tun, immer noch war die Jagd das Einzige, was ihn interessierte, und wir hatten kein Geld. Ich wurde immer ärgerlicher, wir stritten oft, unsere Beziehung verschlechterte sich: Aber unsere Ehe war immer noch stabil. Im Bett versöhnten wir uns wieder.

Eines Tages kam ein Freund von Bilal zu Besuch, Balosh, ein Polizist aus Sind, dem Bilal früher einmal geholfen hatte. Natürlich konnten wir ihn in dem einzigen Zimmer, das wir hatten, nicht beherbergen. Die Dame, die unter uns wohnte, erbot sich, ihn bei sich unterzubringen: Doch Balosh war äußerst betroffen über unsere Lage und drängte uns, wir sollten nach Karachi zurückkehren. In äußerster Verlegenheit musste Bilal einräumen, dass er nicht einmal das Geld für die Fahrkarten hatte. Balosh kaufte sie für uns, und nach siebzehn Stunden Eisenbahnreise erreichten wir Karachi, wo wir kurze Zeit in seinem ärmlichen Haus wohnten, das nicht einmal eine Küche hatte.

Nach einigen Tagen mieteten wir ein Zimmer mit kleiner Küche und Bad. Kaum waren die Vorhänge angebracht, ein Fernseher, eine Matratze und ein paar Kissen angeschafft, war es ein »Zuhause«. Ich war jedoch noch nicht glücklich: In diesem Zuhause fehlte immer noch mein Sohn, den Bilal mir noch nicht zu sehen erlaubt hatte, weil er mich nicht in die Napier Road begleiten wollte. »Gib mir noch eine Woche Zeit«, bat er mich flehentlich. Nach einer weiteren Woche platzte mir der Kragen und wir stritten. Diesmal gab Bilal nach: »Ruf sie an, sag ihnen, sie sollen mit Nauman ins Restaurant Village kommen.«

Es war ein Abend der großen Gefühle. Kiran war wütend auf mich, weil ich monatelang nicht angerufen hatte, und ich wollte in Bilals Gegenwart nicht sagen, dass er es mir verboten hatte, Nauman war ganz still und wollte nichts essen, ich weinte. Als einmal alle schwiegen, ließ sich Naumans Stimmchen hören: »Mama, ich will bei dir bleiben. Puli haut mich.« Während er sprach, sah er mir in die Augen. Als er diese Worte hörte, sah Bilal mich an, und ich sah ihn mit fragendem Blick an: »Wo bringen wir ihn unter?« sagten meine Augen. »Na gut, meinetwegen«, erwiderte Bilal mit Blick auf meinen kleinen Sohn, und in diesem Moment hatte ich ihn sehr lieb.

Als Nauman zu uns kam, hatte er nur das bei sich, was er am Leibe trug: ohne Spielzeug, ohne sein Fahrrad, nichts aus seiner früheren kleinen Welt. Aber ich erinnere mich an die folgenden Tage wie an eine glückliche Zeit: Bilal hatte ihn sofort bei der Schule angemeldet und holte ihn immer dort ab, ich wartete zu Hause auf sie und spielte mit Nauman, wobei ich versuchte, seine Schüchternheit und das Schweigen, das er sich angewöhnt hatte, zu überwinden.

Nach einer Woche brach der nächste Sturm aus. Nauman schlief in unserem Bett, aber Bilal wollte trotzdem mit mir Liebe machen. »Er schläft doch«, sagte er. »Er könnte aber aufwachen!« gab ich zurück. Aber es war schwierig, sich Bilals Willen zu widersetzen; einmal hatte er diese Art von Diskussionen mit einer kräftigen Ohrfeige beendet. Und eines Nachts geschah genau das, was ich befürchtet hatte: Nauman wachte auf. Es war ein grässlicher Augenblick: Ich hatte das Gefühl, noch einmal die Momente zu erleben, als Mama Männer mit nach Hause brachte, nur diesmal aus entgegengesetzter Perspektive. Ich stand auf, nahm Nauman und ging zu Auntie Shàzia, einer sehr energischen Frau, die Tante von Nazia, in die Napier Road. Kurz darauf erschien Bilal und heulte Rotz und Wasser, er flehte Nauman an, mich zu überreden, wieder zurückzukommen, er sagte, ich sei ein Geschenk, das Gott ihm gemacht hatte, er wolle mich nicht verlieren, er würde mir meinen Willen lassen und so weiter und so weiter. Gegen Shàzias Empfehlung kehrte ich zu ihm zurück: natürlich zusammen mit Nauman.

Allmählich traf Bilal sich wieder mit seinen alten Freunden. Einer davon war Aziz Baloch, Hauptmann bei der städtischen Polizei. Als er sah, wo wir wohnten, wunderte er sich sehr: »Ihr könnt hier nicht länger leben!« Er bestand darauf, dass wir für ein paar Tage zu ihm zögen, und dann würde er uns eine neue Wohnung zahlen. Im Gegenzug würde Bilal ihm bei seiner Arbeit unter die Arme greifen: Dank seiner hervorragenden familiären Beziehungen konnte er ihm den Umgang mit der Bürokratie erleichtern.

Das neue Haus, das ebenfalls im Defence-Viertel lag, war sehr angenehm und weckte in Bilal die Lust aufs Pläneschmieden. Er wollte ein Kind von mir: Oder genauer gesagt, eine Tochter. Und er war überzeugt, dass sein Vater uns früher oder später akzeptieren würde. Er sagte: »Du wirst sehen, er wird dich eines Tages zu sich rufen und dir sagen: ›Du bist meine Schwiegertochter.‹« Wir hätten endlich glücklich sein können.

Doch Bilals Eifersucht war krankhaft. Sein Argwohn richtete sich gegen alles und jeden. Wenn wir etwa mit ein paar Freunden picknickten, verfinsterte sich plötzlich sein Gesicht, weil er zu argwöhnen begann, dass der eine oder andere mich anstarrte. Es hatte gar keinen Zweck, wenn ich mich noch so züchtig kleidete und die Augen stets niederschlug. Ich hatte sogar die Gewohnheit angenommen, mir nach islamischer Sitte die Haare zu verschleiern. Nach und nach schaffte es mein Mann, mir einzureden, ich sei hässlich: Jedenfalls tat ich nichts mehr, um schön auszusehen. Aber all das genügte nicht, um ihn zu beruhigen. Oft fragte Bilal Nauman über meine Vergangenheit aus: Ich weiß nicht, ob Nauman begriff, welche Verdächtigungen sich hinter diesen hartnäckigen Fragen verbargen, ich weiß nur, dass sie ihn sehr verängstigten.

Auch ich fürchtete mich inzwischen vor ihm. Als Nauman eines Tages von einem Stuhl fiel und sich verletzte, nahm ich ihn auf den Arm und lief nach draußen, um einen Arzt zu suchen. Während ich mit dem blutenden Kind auf dem Arm durch die Straßen rannte, wuchs in mir die Angst: Ich wusste, dass Bilal furchtbar wütend sein würde, weil ich allein hinausgegangen war.

Zur gleichen Zeit begann sich sein Verhalten mir gegenüber zu ändern: Abends ging er immer öfter allein aus und entschuldigte sich mit Geschäftsessen oder Jagdpartien. Fast immer kam er betrunken zurück und schlug mich aus dem geringsten Anlass. Manchmal roch er ganz leicht nach *Shalimar*, einem Duft, den nur Frauen verwenden. Eines Abends, als ich es wagte, ihn darauf aufmerksam zu machen, packte er mich bei den Haaren und schleifte mich durch die ganze Wohnung. Mein ganzer Körper war danach voller Blutergüsse, und in meiner Seele herrschte Trauer. Unsere Beziehung verschlechterte sich von Tag zu Tag.

Die Tragödie stand unmittelbar bevor.

Zweiter Teil

Die Gefangene

Wie ich schon zu Beginn erzählt habe, kehrte ich bald nach meiner Entlassung aus dem Krankenhaus nach Lahore zurück, zu Bilal: Und nachdem Tehmina mich gesehen hatte, beschloss sie, bei sich zu Hause einen Familienrat zu veranstalten.

An jenem Nachmittag blieben die Leibwachen Mustafa Khars vor der Tür des Salons stehen. Der »Löwe des Punjab« lässt sich immer von drei oder vier bewaffneten Männern begleiten, die ihre Kalaschnikow gut sichtbar über die Schulter hängen haben: Weniger aus Sicherheitsgründen als vielmehr, um seinen Rang, seine Macht und seinen Reichtum hervorzukehren. Nach einer langen, aber stürmischen Ehe und einer hart umkämpften Scheidung hat Mustafa stets großen Respekt gegenüber Tehmina bewiesen. Vielleicht, weil sie ihm zur Seite stand, als er in Ungnade gefallen war, oder vielleicht, weil Tehmina eine berühmte Schriftstellerin geworden war und ihn bei der Trennung von Gleich zu Gleich herausgefordert hatte. »Du bist niemand«, hatte Mustafa zu ihr gesagt. »Du wirst dich als die Exfrau von Mustafa Khar vorstellen müssen.« Tehmina gab zur Antwort: »Und was, wenn du eines Tages nur als der Exmann von Tehmina Durrani bekannt sein wirst?«

Was auch immer der Grund für das gute Verhältnis zwischen Tehmina und ihrem Exmann sein mag – Tatsache ist, dass er nach meiner Entlassung aus dem Krankenhaus der Aufforderung zum Familienrat bereitwillig gefolgt war. Es waren nicht viele, die in dem rundum verglasten *grand room* des Hauses in Lahore zusammengekommen waren: Mustafa, Tehmina, ich, drei Kinder von Tehmina – Nisha, Alì und Hamza – und Zermina, Tehminas Schwester.

Zu Beginn des Treffens war ich noch nicht in den Salon heruntergegangen, sondern saß zitternd in meinem Zimmer, und Nisha musste mich beinahe die Treppe herunterzerren. Als ich vor Mustafa stand, berührte ich seinen Fuß – wie es einige Minuten später sein Sohn Bilal tat – als Zeichen der Ehrerbietung und setzte mich in eine Ecke, von Kopf bis Fuß in meinen weißen Schleier gehüllt. Ich hörte nicht auf zu zittern angesichts der Gegenwart dieses wichtigen Mannes, der einen schwarzen *shelwar kamiz* und die traditionelle Kopfbedeckung der Sind trug, den *topi*: Ich hatte Mustafa noch nie zuvor gesehen, und seine Haltung und sein Gang erinnerten mich wirklich an einen Löwen. »Der Friede sei mit Ihnen, *Uncle*«, flüsterte ich und wagte es nicht, mein eines, noch verbliebenes Auge zu ihm zu heben. »Setz dich, setz dich«, antwortete er kurz.

Ich habe ja schon am Anfang erzählt, wie ich mit Bilal nach Lahore zurückgekehrt bin, nachdem ich diese Hölle auf Erden kennengelernt hatte, das Civil Hospital von Karachi, wo ich um Haaresbreite dem Tod entgangen bin, den ich mir sehnlichst wünschte, damit diesen wahnsinnigen Schmerzen ein Ende bereitet würde – und wie Tehmina mich eines Nachts von ihrem Chauffeur abholen ließ: Und wie Bilal, der mich praktisch als seine Gefangene hielt, es nicht wagte, sich der Frau zu widersetzen, die ihm jahrelang die Mutter ersetzt hatte. Als sie mich erblickte, brach Tehmina in Tränen aus, und zusammen weinten wir lange – sie, ich und Nisha –, bis Tehmina mit fester Stimme sagte: »Jetzt ist es genug.« Ich weiß nicht, ob sie schon zu diesem Zeitpunkt bereits eine Idee für mich hatte: Vielleicht dachte sie gerade an Italien, weil sie zwei Tage später nach Rom fliegen sollte, um dort einen Preis entgegenzunehmen.

Jedenfalls stellte sie innerhalb weniger Stunden das Familientreffen auf die Beine, und als sie uns alle zusammen im *grand room* vor sich hatte, verlor sie keine Zeit mit Small Talk. Sie kam ganz nah auf mich zu und bat mich, den Schleier vom Gesicht zu nehmen. Als ich zögerte, riss sie ihn selbst herunter und sagte zu Mustafa: »Schau, was dein Sohn diesem Mädchen angetan hat. Was gedenkst du zu tun, um ihr zu helfen?«

Es war ein äußerst dramatischer Augenblick: Ich weinte und versuchte vergeblich, mein Gesicht zu verbergen, weil ich mich schämte, Bilal saß ganz still in einer Ecke, Zermina und die Jüngeren waren wie zur Salzsäule erstarrt, und Tehmina sah Mustafa herausfordernd an und wartete auf Antwort. Nach ein paar Minuten, in denen die Zeit stehengeblieben zu sein schien, grummelte Mustafa fast unhörbar, als würde er zu sich selbst sprechen, dass Bilal etwas Böses getan hatte. Dann schwieg er ein paar Sekunden und sagte schließlich ganz deutlich: »Ich werde mit meinen Brüdern darüber sprechen.«

Für uns alle enthielten Mustafas Worte eine klare Botschaft: Er fürchtete den Zorn seiner Brüder, aber vor allem den seines Bruders und gleichzeitigen Schwiegervaters von Bilal, den Vater von Ruxane, der Ehefrau, von der Bilal sich nie hatte scheiden lassen und die immer noch bei ihm lebte, zusammen mit den beiden Kindern aus dieser Ehe.

Das islamische Gesetz gestattet jedem Mann, vier Ehefrauen zu haben: »Heiratet von den Weibern, so viel euch beliebt, zwei, drei oder vier; fürchtet ihr aber, nicht gerecht zu handeln, dann eine!« Dieses »gerechte« Handeln besteht auch darin, gleich viele Nächte mit jeder der Ehefrauen zu verbringen, und zwar gemäß einem Rotationsprinzip, das nur dann unterbrochen werden darf, wenn man sich auf Reisen befindet oder eine neue Ehe eingeht und die Braut das Recht hat, sieben Nächte am Stück mit ihrem Mann zu verbringen, wenn sie Jungfrau ist, und drei, wenn sie es nicht ist. Der Prophet selbst befolgte dieses Prinzip und zog den Namen der Ehefrau als Los, die ihn in die Schlacht begleiten sollte: Es ist jedoch überliefert, wie eifersüchtig Aischa war, Mohammeds Lieblingsfrau, in deren Armen er schließlich sterben wollte, und welchen Schmerz Fatima, seine einzige Tochter, empfand, als ihr Mann Alì eine weitere Frau zu nehmen beschloss. In jenem Fall griff Mohammed persönlich ein: »Ich werde diese Ehe nicht erlauben, jedenfalls solange Alì nicht von meiner Tochter geschieden ist! ... Denn meine Tochter ist ein Teil meiner selbst: Was sie schmerzt, das schmerzt auch mich.« Mohammed selbst lebte in langer monogamer Ehe mit seiner ersten Frau Khadija. Die Sitten jener Zeit, die später von den muslimischen Lebensregeln zusammengestellt wurden, sahen in der Ehe einen Vertrag, der je nach getroffenen Zusatzvereinbarungen abgewandelt werden konnte: Die Ehe hat daher auch nicht den unantastbaren Wert, der ihr in der christlichen Religion beigemessen wird.

Heute ist die Polygamie in der Mittel- und Oberschicht der al-

lermeisten islamischen Länder nicht mehr üblich. Es gibt sie noch auf dem Land und in der armen Bevölkerung.

An diesem Abend gewann Bilal seine ganze gute Laune wieder. Er umarmte mich mit den Worten: »Du wirst sehen, alles kommt in Ordnung, ich fahre mit Daddy ein paar Tage aufs Land nach Kor Addu, dann komme ich dich abholen.« Nur mir gegenüber verwendete er das englische Wort *Daddy*, zu ihm sagte er *Sahib*, die anderen Söhne nannten ihn *Abu*, Vater. Weitaus mehr Trost schenkte mir Tehminas Umarmung, die an diesem Abend mit mir zusammen betete. Ich betete aus reiner Frömmigkeit, ohne um etwas zu bitten. In jenen Tagen hatte ich gar keine Hoffnung mehr, deshalb bat ich auch um nichts mehr. Ich lebte einfach dahin, aber an die Zukunft konnte ich nicht denken. Soundso oft wünschte ich mir den Tod herbei, wenn der Schmerz mich überwältigte. Nach der Entlassung aus dem Krankenhaus erfuhr ich, dass einmal ein Anästhesist meiner Mutter angeboten hatte, mich sterben zu lassen, um meinen Leiden ein Ende zu setzen, aber Mama war vor ihm auf die Knie gefallen und hatte gesagt: »Sprechen Sie nicht so. Ich weiß, dass Fakhra leben kann und zu Naumanino zurückkehren wird.« Als ich aus dem Krankenhaus kam, war ich tief gerührt, als man mir berichtete, dass, sobald sich die Nachricht verbreitet hatte, dass man mich mit Säure verätzt hatte, alle Ladeninhaber der Napier Road ihre Geschäfte schlossen und viele Leute, die ich gar nicht kannte, vor dem Krankenhaus Schlange standen, um sich nach meinem Gesundheitszustand zu erkundigen. Aber an jenen Tagen in Lahore, als mein Leben weiterhin von körperlichen Schmerzen geprägt war – Tage, an denen ich den Kopf nicht heben konnte, nichts zu mir nehmen konnte außer flüssige Nahrung, noch eine offene Wunde an der Schulter hatte, die rechte Hand nicht gebrauchen konnte, an Schlaf kaum zu denken war und mein geschlossenes Auge immer noch fürchterlich brannte –, an jenen Tagen gelang es mir, weder Wünsche noch Hoffnungen zu empfinden. Ich war lebendig, aber ohne den Willen zum Weiterleben.

Tehmina musste nach Italien abreisen und hatte befohlen, Bilal jeden Zutritt zu ihrem Haus zu verwehren und ihm zu sagen, ich sei abgereist. So geschah es, aber einmal ging ich ohne Nachdenken ans Telefon, und Bilal entdeckte, dass man ihn belogen hatte. Wutschnaubend forderte er, eingelassen zu werden. »Wo habt ihr meine Frau versteckt?« Tehminas Leibwache versuchten vergebens, sich ihm in den Weg zu stellen und ihm zu sagen, dass ich nicht zu Hause sei. Er fand mich, packte mich an den Haaren, zerrte mich zur Haustür heraus und brachte mich ins Hotel. Vergeblich folgte ihm Nisha mit dem Auto und flehte ihn an: »Ich bitte dich, Bilal: Fakhra braucht dringend plastische Chirurgie, *Mummy* kann ihr helfen.« Er ließ sich durch nichts umstimmen, sondern rief seinen Vater an, der seinen Wagen schickte und mich nach Khala Katai brachte, in einen der Landsitze der Familie Khar.

Der Ort ist sehr schön gelegen, ganz im Grünen, nicht weit entfernt von der indischen Grenze, aber mir kam er sofort entsetzlich traurig vor. Das Haus ist riesig, hat zwei Stockwerke, das Erdgeschoss für die Söhne, der erste Stock für Mustafa: Alle Räume sind klimatisiert, für jede Art Lebensmittel gibt es eine eigene Gefriertruhe, für jeden von Mustafas Söhnen steht ein Pferd im Stall, und im

Hundezwinger leben Dutzende von Jagdhunden für Bilals Lieblingshobby. Doch bis zum Horizont sieht man nicht ein einziges Haus, in der Nähe gibt es nur ein paar Hütten für die Landarbeiter. Wie ein Dorf nur für die Familie Khar, in dem ich nun mutterseelenallein war, bestimmt von den Dienstboten bespitzelt wurde und keinerlei Hoffnung mehr hatte, nach Lahore zurückzukehren.

Bilal war bei mir geblieben, aber häufig ging er weg, um den anderen Feudalherren Besuche abzustatten oder die Gerichtsbarkeit in seinen Ländereien auszuüben, oder um nach Lahore zu fahren. Und nachts ging er auf die Jagd. Sobald der Mond aufging, fuhr er in seinem Jeep los, gefolgt von seinen riesigen, auf den Kampf mit Wildschweinen abgerichteten Hunden – reinrassige Prachtexemplare aus bester Zucht, die jeden Tag Fleisch zu fressen bekamen.

Die Diener und Landarbeiter dagegen bekamen nur einmal in der Woche Fleisch zu essen, und das Fleisch war weniger gut, Rind oder Kamel (die Reichen essen lieber Lamm und Huhn). Und ihre Kinder sammelten die angebissenen Bananen auf, die Mustafas Söhne weggeworfen hatten: Die herrlichen Früchte an den Bäumen waren nur für die Söhne des Herrn bestimmt. Wenn im Hause Khar einmal *achar* übrig geblieben war, das ist eine Soße aus Mango, Gemüse, Chilischoten und *ghi* (geklärter Butter), dann wurde sie lieber weggeschüttet, anstatt sie unter den Bauern zu verteilen. Die Alltagsspeise der Armen besteht aus *chapati* und Linsen oder Brot, Jogurt und Chilischoten, oder Reis mit etwas Gemüse. In Pakistan ist der Hunger der ständige Begleiter für Millionen Leute, und viele sterben an Hunger oder Tuberkulose.

»Feudalherren« – auf Englisch feudal lords – ist der in Pakistan gebräuchliche Ausdruck für die Großgrundbesitzer, die in ihren Ländereien auch die Gerichtsbarkeit im Einklang mit den Stammesgesetzen ausüben und ihren Reichtum auf der Fronarbeit von Bauern gründen, die oft durch Schuldverträge an sie gebunden sind, die ihre Väter und Großväter einst abgeschlossen hatten.

Heute gibt es rund fünftausend Feudalherren, die die Hälfte des nutzbaren Bodens im Land besitzen. Die Bauern bekommen von den Landbesitzern dreißig Prozent der Ernte, aber sie müssen ihnen Saatgut und Dünger bezahlen, deren Preise in den letzten zehn Jahren um zweihundert Prozent gestiegen sind. Obwohl sie von den bewaffneten Leibgarden ihrer Herren bewacht werden, gelingt nicht wenigen von ihnen die Flucht: siebentausend in den letzten zehn Jahren, nach einer Schätzung der pakistanischen Abteilung von Human Rights Watch. Ein Gesetz aus dem Jahr 1992 hat die Fronarbeit auf den Feldern für abgeschafft erklärt – bis zu fünf Jahre Gefängnisstrafe stehen darauf –, aber bislang ist noch kein einziger Feudalherr verurteilt worden.

Viele feudal lords, die auf eine durch die Stammestreue gesicherte Wählerschaft zählen können, wurden ins nationale oder ins regionale Parlament gewählt. Dazu gehören auch Mustafa und Bilal Khar. Ein Feudalherr war auch Mir Zafarullah Khan Jamali, der zwischen 2002 und 2004 Premierminister war und 1977 höchstpersönlich bei der Niederschlagung eines Bauernaufstands beteiligt war, bei dem zehn Menschen getötet wurden. Der Aufstand war ausgebrochen, als die Zuteilung von Land, die die Vorgängerregierung versprochen hatte, widerrufen wurde.

Als ich in Khala Katai war, nahm ich Fisch und Fleisch aus den Gefriertruhen, um den Bauern davon zu geben, und ich stahl etwas Geld aus Bilals Börse und schenkte es ihren Kindern. Ja, ich stahl es: Weil ich keine einzige Rupie mehr besaß, weil ich nicht telefonieren konnte, denn sicherlich hätte einer der Diener mich angeschwärzt, weil ich ohne Bilal nirgendwohin gehen durfte, weil ich nicht einmal mit den Dienern sprechen konnte. Die Frauen und Kinder der Bauern waren meine einzige Gesellschaft in den Monaten, in denen man mich in ein Landhaus verschleppt hatte, wo ich nun eineinhalb Autostunden von Lahore entfernt gefangen saß. Nach kurzer Zeit hatten die Kinder keine Angst mehr vor mir und blieben oft bei mir, um meine Musikkassetten zu hören. Es gab Tage, an denen die Stunden einfach nicht vergehen wollten. Manchmal spielte ich ganz allein mit den Glasperlen meiner Armbänder. Ich machte sie auf und nahm eine nach der anderen weg: »Er liebt mich, er liebt mich nicht ...« Mein Herz war gespalten, was Bilal anging: Ich empfand eine große Wut über das, was er mir angetan hatte, aber auch eine große Sehnsucht nach unserer Liebe und die absurde Hoffnung, dass wir sie irgendwie wiederfinden könnten.

Bilal verhielt sich mir gegenüber allerdings nicht so wie in jenen glücklichen Tagen: Er sprach wenig mit mir, war niemals gut gelaunt, wollte aber andauernd Sex haben: Und das war mir sehr unangenehm. Körperlich und geistig. Körperlich, weil ich stark eingeschränkt war in meinen Bewegungen, mein Kinn klebte ja am Brustkorb fest, und so empfand ich Schmerzen in jedem einzelnen Körperteil. Geistig, weil es mir nicht in den Kopf ging, wie mein Mann immer noch eine Frau begehren konnte, die allen Angst machte. Ich fühlte mich benutzt und verspürte eine tiefe Wut, manchmal brüllte ich ihn an, dass er mich nicht behandeln lassen wollte, nicht einmal zum Augenarzt ließ er mich, um den Schmerz zu beseitigen, der sich in mein Hirn bohrte. Depression und Aggressivität lösten einander ab, die Hoffnung, dass mein Mann noch Gefühle für mich empfand, wechselte mit blanker Wut über das, was er mir angetan hatte, dass er mich zur Gefangenen meines eigenen Gesichts gemacht hatte. Ich schämte mich dieses Gesichtes dermaßen, dass ich Bilal nicht anzusehen wagte, wenn ich mit ihm sprach, ich blickte lieber zu Boden. Und in seiner Gegenwart wagte ich keine Mangos zu essen, diese herrlichen durstlöschenden Früchte, die gelbrot an den Bäumen von Khala Katai leuchten, weil ich nicht wollte, dass er sah, wie mir das Fruchtfleisch aus dem Mund fiel, das ich doch so gerne hinuntergeschluckt hätte.

Vergebens beschwor ich meinen Mann, mich ins nächstgelegene Dorf zu bringen, damit ich meine Familie in Karachi anrufen konnte: Er verschob es immer auf morgen. Fünf Monate lang erfuhr ich nicht, wie es meinem Sohn, meiner Schwester, meiner Mutter ging. Manchmal war Bilal geduldig mit mir, aber als ich einmal die Stimme gegen ihn erhoben hatte und Mustafa gerade im Haus war, sagte Bilal: »Wenn mein Vater dich hört, dann bringe ich dich um, das schwöre ich dir. Und niemand wird es je erfahren.«

Oft war mein Mann unterwegs, um beim *panchet* Recht zu sprechen, das ist das Tribunal der Feudalherren. Er entscheidet, wer bestraft werden muss und wer freigesprochen wird, wenn es Streitigkeiten zwischen den Leuten auf seinen Ländereien gibt. Manchmal fuhr Bilal aber auch nach Lahore und blieb zwei oder drei Tage weg: Ich hatte den Verdacht, dass er dann seine andere Frau Ruxane besuchen ging.

An einem dieser Tage elender Langeweile geschah es, dass mich Dai Ayesha besuchen kam, die Dienerin und Vertraute von Mustafa Khar, die viele seiner zahlreichen Söhne aufgezogen hatte. Ayesha war eine wunderschöne junge Frau gewesen, die sich mit fünfundzwanzig Jahren, als sie schon verheiratet war, in einen jungen, ebenfalls verheirateten Mann verliebte. Die beiden Liebenden waren durchgebrannt und hatten für einen kurzen Augenblick geglaubt, sie könnten sich woanders ein neues Leben aufbauen. Aber man hatte sie entdeckt, festgenommen und vor Mustafas Tribunal gebracht, der angeordnet hatte, dass Ayesha ihrem rechtmäßigen Ehemann zurückgegeben wurde und ihr Geliebter in ein Irrenhaus kam. Der junge Mann wurde nach kurzer Zeit tatsächlich wahnsinnig und starb. Ayesha hingegen beschwor ihn, sie nicht zu ihrem Mann zurückzubringen und sie vielmehr für ihn arbeiten zu lassen. Er willigte ein, und Ayesha kam als *dai* (Kinderfrau) für Bilal ins Haus Khar. Mit diesem Tag blieb Ayesha im Austausch gegen eine kleine Menge Korn, das ihrer Familie einmal im Jahr zugestanden wurde, auf immer die leibeigene Dienerin Mustafas, aber eine hochgestellte Dienerin, die den Haushalt führte, Zugang zum Safe bekam und über viele Dinge zu entscheiden hatte.

Dai Ayesha kam als Überbringerin einer Botschaft zu mir. Sie teilte mir mit, dass Mustafa und seine Brüder mir Geld geben würden. Nicht etwa Mustafa allein, also nicht mit der Absicht, die Verantwortung für das zu übernehmen, was sein Sohn getan hatte. Nicht mit der

Bereitschaft, die Last auf sich zu nehmen, Bilals Schuld zu bezahlen, er, der seinen Söhnen nie finanzielle Unabhängigkeit zugestanden hatte, er, der Vater, der Bilal die Lebensadern abgetrennt hatte, um ihn für die Heirat mit mir zu bestrafen. Nein, es war die Familie Khar, die sich wie eine lästige Fliege ein Mädchen vom Hals schaffen wollte, das der lebende Beweis für den Geist der Gewalttätigkeit war, in dem all ihre Söhne großgezogen werden. Es waren die Brüder Khar, die einer Tänzerin, die sie genauso verachteten wie zuvor, ein Almosen zukommen lassen wollten. Und sie schickten ihr eine Dienerin, um ihr das mitzuteilen.

Ich lehnte ihr Geld ab.

Aber es war ein anderer Diener, der zum Werkzeug meiner Rettung wurde. Er hieß Aslàm und war homosexuell, ein eigenartiger und empfindsamer Mann, der früher in den Diensten von Madam Noor Jehan stand, »der Königin der Melodien«, der Schwägerin meiner Großmutter. Er hatte aus den Zeitungen von meiner Geschichte erfahren, er selbst konnte lesen und schreiben, vor allem aber konnte er gut zuhören: Und er war der Einzige, der dank seiner sexuellen Neigungen von Bilal die Erlaubnis erhalten hatte, in mein Zimmer zu kommen und mit mir zu sprechen. »Ich habe gehört, wie die Herrschaften sagten, dass Tehmina Ihnen helfen will, Bibi Fakhra«, flüsterte er mir eines Tages zu und sah sich dabei aus Furcht vor Spitzeln um.

Mein Herz begann wie verrückt zu schlagen. Sofort gab ich ihm Tehminas Telefonnummer. »Sag ihr, dass sie mich aus diesem Gefängnis herausholen soll, oder ich werde verrückt.«

So begann mit Aslàm als Vermittler ein Dialog aus der Ferne mit Tehmina. Er überbrachte ihr die Nachrichten, die ich ihm diktierte, aber wenn er an dem Tag einmal nicht nach Lahore fahren konnte, verbrannte er den Zettel oder aß ihn auf. Eines Tages, als er gerade bei Tehmina war, kam Mustafa zu Besuch. Schnell versteckte sie Aslàm, der zitternd den folgenden absurden Dialog mit anhörte: »Wo ist Fakhra?« fragte Tehmina. »Du musst dir keine Sorgen machen, es geht ihr gut«, antwortete Mustafa.

Mehr als einmal trafen Botschaften von Tehmina ein, die mir neuen Mut machten: »Wenn sie dich nicht zu mir kommen lassen, schicke ich dir ein Befreiungskommando. In der Zwischenzeit arbeite ich für dich.« Für mich arbeiten hieß, dass sie mir Personalausweis, Reisepass und Visum zu besorgen versuchte, damit ich ins Ausland reisen und behandelt werden konnte. Die Vorstellung, dass bewaffnete Männer kommen würden, um mich wegzubringen, elektrisierte mich, erschreckte mich aber zugleich: Bilal war ein Waffennarr und hatte viele davon in Khala Katai. Oft legte er sie alle in eine Reihe, um sie zu polieren.

Ich wusste jedoch, dass Tehmina eine kluge und tüchtige Frau war, die zuerst sämtliche Möglichkeiten des Dialogs erkunden würde. Tatsächlich sprach sie mit Mustafa über die Notwendigkeit einer Behandlung für mich, Mustafa sprach mit Bilal darüber, aber Bilal kam weinend zu mir: »Wenn du weggehst, kommst du nie mehr zurück, das weiß ich. Ich liebe dich so, wie du bist.« Eine seltsame Liebe war das, die ihn nicht an häufigen Besuchen bei seiner anderen Frau Ruxane hinderte, wie mir Aslàm brühwarm berichtete.

Eines Tages sagte Bilal beiläufig: »Morgen kommen Zehmina, Nisha und eine italienische Freundin von ihnen zu Besuch.« Mein Herz machte einen Satz, aber ich sagte nichts. Am Tag danach wuchs meine Unruhe mit jeder Stunde, die verstrich. Bis Bilal schließlich sagte: »Sie kommen nicht mehr, sie haben es auf nächste Woche verschoben.« Die Welt brach über mir zusammen, ich verfiel wieder in die alte Depression und verlor jede Hoffnung, dass sich in meinem Leben noch einmal etwas ändern würde: Ich war Bilals Frau, auf immer und ewig. Abgeschieden auf dem Land lebend, ein »Ding«, das man besser versteckte: auf immer und ewig. Mit dem Kinn, das an der Brust klebte: auf immer und ewig.

Ein paar Tage vergingen. Es war ein mörderisch heißer Sommernachmittag. Ich höre aufgeregte Stimmen, dann das Geräusch eines Autos und ein Kind, das ruft: »Da kommt Sahab« (wie man auch statt *sahib* sagt). Und nach einer Pause: »Da sind auch Frauen dabei.« Wie jedes Mal, wenn die Herrschaften eintrafen, stand die ganze Dienerschaft mit gesenktem Kopf am Eingangstor aufgereiht.

Ich war so aufgewühlt, dass ich mich im Badezimmer einschloss. Dann atmete ich tief durch, machte mir Mut und ging den Gästen mit zitternden Beinen entgegen. Nisha umarmte mich und flüsterte mir ins Ohr: »Morgen kommst du mit uns mit.«

Als wir allein waren, gestand Zermina mir lachend, dass sie die Erlaubnis erhalten hatten herzukommen, weil sie Mustafa bei seiner Eitelkeit gekitzelt hatte: »Alle sagen mir immer, dass Khala Katai ein traumhaftes Fleckchen Erde ist, ich war noch nie dort ... wie gern würde ich es auch unserem italienischen Gast zeigen!« Und sie umarmte mich und fügte hinzu: »Wäre es nicht deinetwegen, wäre ich nie in dieses Mückennest gekommen! Fakhra, ich bin nur hierher gekommen, um dich von hier wegzubringen.«

Wie ich schon erwähnt habe, ist es Mustafas Wunsch, dass sich um halb neun Uhr abends alle versammeln, um gemeinsam zu essen: Eine westliche Sitte, die in Pakistan nicht gebräuchlich ist, wo jeder isst, wenn er Hunger hat, für gewöhnlich im Schlafzimmer. Im Sommer isst man in Khala Katai draußen auf der Wiese, ausgestreckt auf *charpai*, geflochtenen Matten, die bei uns benutzt werden, um bei großer Hitze unter freiem Himmel zu schlafen. Die Diener kommen mit einem Wasserkrug zum Händewaschen und tragen die verschiedenen Speisen auf. An diesem Abend gab es ein besonders üppiges Essen, vor allem mit Fisch, mit ausgezeichneten See- und Flussfischen. Mustafa und die Gäste aus Lahore unterhielten sich über dieses und jenes, Bilal, der wahrscheinlich nervös war, stand einige Male auf, um zu rauchen (in der Familie Khar raucht man nicht in Anwesenheit der Eltern). Ich hatte den Schleier bis zu den Augen angehoben, um zu essen: Ich konnte nur halbflüssige Speisen herunterschlucken und schämte mich furchtbar, weil mir, auch wenn ich noch so sehr achtgab, oft alles wieder aus dem Mund herauslief. An jenem Abend sprach ich wenig, weil meine Gefühle mich überwältigten. Irgendwann fragte mich Zehmina leichthin, mit eben dem Plauderton, den man in Gesellschaft verwendet: »Fakhra, wie geht's deinem Auge? Ich finde, es sieht ein bisschen rot aus.« Und ich antwortete mit ganz dünner Stimme: »Es tut mir ein bisschen weh.« Zermina: »Du musst es unbedingt von einem Spezialisten in Lahore untersuchen lassen. Morgen nehmen wir dich mit dem Auto mit, danach kann Bilal dich wieder abholen.« Ich schluckte mühsam und gab keine Antwort. Alle schwiegen. Niemand sagte: »so machen wir es« oder »das geht nicht«. Ich bat, auf die Terrasse gehen zu dürfen, und blieb ein wenig dort, um zum Mond aufzuschauen und mich zu beruhigen.

Als Bilal und ich uns in unser Zimmer zurückzogen, bat er mich mit brüchiger Stimme, die nach Tränen klang, zu erklären, dass ich am nächsten Tag nicht nach Lahore fahren wollte: »Ich bringe dich zu einem Arzt.« »Seit Monaten flehe ich dich an, mich behandeln zu lassen, wenigstens das Auge, und du verlangst immer von mir, ich solle Geduld haben!« Ich war gereizt und erschrak bei dem Gedanken daran, dass dieser Hoffnungsschimmer, der Tehmina für mich darstellte, wieder verglimmen könnte. »Du fehlst mir, ich kann nicht ohne dich sein«, sagte er. Lächerlich. »Für einen Arztbesuch!« Und ich beschloss, über Nacht in Zerminas Zimmer zu schlafen. Als Erstes ließ sie mich die notwendigen Papiere für das Visum und den Reisepass unterschreiben, in der Befürchtung, dass sie mich im allerletzten Moment daran hindern könnten, Khala Katai zu verlassen. Wir schliefen sehr wenig in dieser Nacht. Zermina, die jüngere Schwester von Tehmina, ist eine sehr schöne und sanfte Frau, und sie opferte ihren Schlaf, um mir Mut zu machen und Ruhe zu verschaffen. Wir wussten beide, dass diese Abreise eine Abreise für immer war. Es war eine Flucht. Um Rettung zu finden. In der Hoffnung, den Kopf wieder heben und mein Leben in meine Hände nehmen zu können.

Im Morgengrauen rezitierten Zermina, Nisha und ich gemeinsam den Namàs, das erste Gebet des Morgens, um Gott um Hilfe zu bitten auf dem Weg, den wir einzuschlagen beschlossen hatten.

Es wurde entschieden, dass wir gegen Mittag in einem Auto mit Mustafa abfahren sollten. »Wir fahren mit Papa«, verkündete mir Nisha mit fröhlicher Stimme, als handele es sich um eine ganz normale Spazierfahrt. »Später kommt dann Bilal und holt dich wieder ab.« Doch es hatte den Anschein, als spürte Bilal, dass bei dieser kurzen Reise etwas faul war. Er weinte, er küsste mir die Füße. »Du kommst doch wieder, nicht wahr? Du kommst doch wieder?« Seine Stimme zitterte. »Ich komme heute Abend um sieben, wir essen ein Eis und fahren wieder nach Hause.«

Ich war innerlich zerrissen, schließlich wusste ich, dass ich meinen Mann nie wieder sehen würde, mir war klar, dass ich log. Aber ich log ihn an: »Ja, ja, klar, wir sehen uns heute Abend.« Und ich zog den Abschied nicht allzu sehr in die Länge.

Wir nahmen alle Platz in Mustafas Pajero, einem schönen Auto. Alle wissen, was er für eine Vorliebe für Autos, Pferde und Hunde hat, also war daran nichts Staunenswertes. Er hatte damals die Fünfundsechzig schon überschritten, doch er hatte sich eine bemerkenswerte Attraktivität bewahrt und strahlte Kraft aus. Wahrscheinlich ist das immer noch so, jetzt mit siebzig Jahren hat er noch einen Sohn von seiner zehnten Frau bekommen, die gerade dreiundzwanzig ist. Mustafa hat mich niemals schlecht behandelt. Im Gegenteil, manchmal machte er mir sogar

Komplimente. »Von allen Ehefrauen Bilals ist Fakhra die Einzige, die weiß, wie man einen Haushalt führt«, sagte er. Meine Fleischbällchen mochte er sehr, und wenn ich sie machte, dankte er mir mit einem ruppigen »Sehr ordentlich«. Er hat mich immer respektiert, aber vertraut hat er mir nie.

Er ließ uns vor Tehminas Haus aussteigen. Sie umarmte mich liebevoll, ich war von meinen Gefühlen vollkommen überwältigt. »Siehst du, wir haben es geschafft!« sagte sie. »Jetzt, Fakhra, hast du zwei Möglichkeiten vor mir: Entweder du bleibst bei Bilal. Die Situation in der Familie Khar kennst du. Sie wird sich nie ändern. Wenn du meinen Weg gehen willst, musst du wissen, dass er voller Schwierigkeiten ist und nur wenig Sicherheiten bietet.« Mein Herz klopfte wie wild, als ich antwortete: »Ich wähle mein eigenes Leben, auch wenn es schwierig ist.« »Gut. Nisha, zeig Fakhra meinen Kleiderschrank, damit sie sich etwas von meinen Sachen aussuchen kann. Und du, Fakhra, ab unter die Dusche. Und bete hinterher.«

Als ich unter der Dusche stand, hatte ich das Gefühl, mein ganzes bisheriges Leben von mir abzuwaschen. Danach zog ich ein Kleid von Tehmina an. Und ich habe meine Entscheidung nie bereut.

Die Belagerung

Als Bilal gegen sieben Uhr abends eintraf, wurde ihm gesagt, ich sei nach Islamabad abgereist. Wie erwartet bekam er einen Tobsuchtsanfall. Ein Freund Tehminas sprach mit ihm, Inamullah Nyasi, ein einflussreicher Politiker, der zur gleichen Zeit wie Bilal im Parlament saß: »Lass sie gehen, sie hat sich in ärztliche Behandlung begeben, sie wird schon zurückkommen.« Bilal schrie: »Ich will sie jetzt auf der Stelle, um jeden Preis, so wie sie ist!« Imam war geduldig mit Bilal, aber er blieb unerschütterlich: »Wenn du dich so aufführst, wirst du sie nie wieder bekommen. Jetzt habe ich Fakhras Fall übernommen, und ich werde sie nicht im Stich lassen.«

Ich war nicht zu Hause, als diese Unterhaltung stattfand. Tehmina hatte mich zu einer ihrer Freundinnen geschickt, Mariàm, einer Psychologin, die mir in jenen Tagen eine große Stütze war. Bei ihr war ich zwei Wochen lang zu Gast.

In den folgenden Tagen scheute Bilal nicht davor zurück, Tehmina – die er ja Mummy nannte – damit zu drohen, sie ebenfalls mit Säure zu verätzen. Und zu Alì sagte er eines Tages: »Und für den Anfang schieße ich ihr ein Kaliber 12 ins Knie. Mummy hat sich zu weit vorgewagt, jetzt soll sie vor mir kriechen.«

Tehmina verlor nie die Ruhe, wenn Bilal anrief und nach »seiner Ehefrau« verlangte. Auf Englisch, wie es zwischen ihnen üblich war, sagte sie ihm, ich sei nicht mehr seine Ehefrau, seitdem er mich mit Säure entstellt habe. »Schau, Bilal, ich habe Fakhra bei der Hand genommen, und jetzt ist sie für mich wie Nisha, wie Biba, wie Alì, wie Hamza. Sie ist für mich wie eine Tochter. Und wenn du mir mit Säure kommen solltest, dann wirst du auch deine Brüder verätzen müssen, denn auch sie sind fest entschlossen, Fakhra unter Einsatz ihres Lebens zu verteidigen.«

Mustafa beschränkte sich darauf, zynisch zu Tehmina zu sagen: »Du hast Bilal großgezogen, und jetzt machst du ein Mordstheater um dieses Mädchen. Du wirst sehen, am Ende kommen sie wieder zusammen.« Sie antwortete bloß: »Und wenn es Nisha passiert wäre? Du hättest nie erlaubt, dass sie weiter mit dem Mann zusammenlebt, der ihr Gesicht entstellt hat, und du hättest sie ins Ausland zur Behandlung geschickt.«

Da sie den Charakter ihres Stiefsohns nur allzu gut kannte, wusste Tehmina, dass von ihm alles zu erwarten war und dass man vorsichtig sein musste. Als Bilal daher eines Tages sagte: »Ich weiß genau, wo Nauman in Karachi wohnt«, beschloss sie augenblicklich, meinen Sohn nach Lahore zu holen.

Ich wusste nichts von Bilals kaum verhüllter Drohung und erwartete daher nicht, mein Kind schon so bald wieder zu sehen. Er kam eines Morgens an, als ich noch schlief. Urplötzlich stand er vor mir: In weißen Kleidern nach westlicher Mode und mit einem lustigen roten Baseball-Cap auf den glänzend schwarzen Haaren.

In den sechs Monaten unserer Trennung war er gewachsen, und zwar nicht nur körperlich. In Karachi war er es gewesen, der entschieden hatte, dass er bei mir leben wollte. Als ich aus dem Krankenhaus entlassen wurde, hatte man ihn ins Haus von Auntie Chia geschickt, um ihn von mir fern zu halten: Das Infektionsrisiko war groß, weil ich immer noch viele offene Wunden hatte, von denen einige voller Eiter waren. Doch eines Morgens, als ich noch im Halbschlaf lag, spürte ich plötzlich ein zartes Streicheln an der Hand. Sekunden später realisierte ich, dass es seine Kinderfingerchen waren, die mich liebkosten. Ihn zu spüren, ihn zu sehen – wie wenig ich auch mit meinem einen Auge sehen konnte –, war eine unsagbare Freude, aber auch eine Qual: Ich hätte ihn umarmen und küssen wollen, aber durfte es nicht. An diesem Morgen sagte er ganz ruhig: »Heute Nacht schlafe ich bei Mama.« Ihm wurde erklärt, dass das nicht ging, dass seine Mama voller Mikroben war: Aber er war nicht dazu zu bewegen, mich wieder allein zu lassen.

In Lahore verhielt Nauman sich mir gegenüber äußerst fürsorglich. Er strich behutsam mit seinen kleinen Händen über meine scheußlichen Narben und sagte zu mir: »Hab keine Angst, du wirst sehen, alles wird wieder gut.« Da war wieder sein »väterlicher« Charakter, den er bereits in jenen schlimmen Zeiten an den Tag gelegt hatte, als wir bei Kiran und Puli lebten: Damals war er kaum fünf Jahre alt gewesen und war doch derjenige, der stets daran dachte, mir meine Medizin zu geben. Und wenn ich, mutlos wie ich damals war, den Kopf wegdrehte, hielt er mir die Tabletten vor die Nase und sagte: »Na los, Mama, eine für dich, eine für mich.«

In der Zeit, die wir im Hause Tehminas verbrachten,

war ich zum ersten Mal rund um die Uhr Mutter: Es gab zwar eine Babysitterin, aber endlich war ich mit Nauman Tag und Nacht zusammen, ich brachte ihm gutes Benehmen bei, und wir lernten gemeinsam ein wenig Englisch, die Sprache, die in jenem Haus gesprochen wurde. Und erst da lernten wir uns wirklich kennen.

Tehmina hatte klare Vorstellungen, welches der einzig mögliche Weg für mich war: Ich musste im Ausland behandelt werden. Zum einen, weil die medizinischen Techniken in Europa und Amerika weiter fortgeschritten sind, zum anderen, weil das Wenige, was man in Pakistan für mich tun konnte, nur gegen Bezahlung geleistet wurde, und das hätte ein Vermögen gekostet, das Tehmina nach der Scheidung von Mustafa nun wirklich nicht mehr besaß.

Sie wurde sofort aktiv, um Reisepass und Visum für mich zu bekommen. Sie kontaktierte Anwälte, Frauen- und Menschenrechtsorganisationen, Politiker. Doch nach einer Woche traf der negative Bescheid ein: Der offizielle Grund lautete, dass ich keinen Reisepass bekommen konnte, weil auf den vorgelegten Dokumenten der Name meines Vaters nicht auftauchte. Unter der Hand aber bekam Tehmina gesagt, dass mein Fall das Ansehen Pakistans im Ausland schädigen könnte. Und regierungstreue Quellen ließen gegenüber den Zeitungen durchsickern, Tehmina gehe es nur darum, im Rampenlicht zu stehen.

Sie jedoch gab sich nicht geschlagen: Tagelang schrieb sie E-Mails, telefonierte und schickte Faxe. Und sie beschloss, eine Pressekonferenz abzuhalten. Wie immer, wenn Fremde anwesend waren, verhüllte ich mein Gesicht mit dem Schleier. Und wieder einmal wollte sie, dass ich ihn abnahm. »Nicht du musst dich schämen, sondern Bilal, wenn du heute so aussiehst!« Mindestens zwanzig Journalisten waren gekommen und auch das Fernsehen. Ein Journalist stand auf und stellte Tehmina diese Frage: »Erst gab es ein großes Tamtam um Ihre Scheidung, dann erschien Ihr Buch *My feudal lord*: Und jetzt kommt diese Geschichte von Bilals Ehefrau. Sagen Sie, haben Sie vielleicht etwas gegen die Familie Khar?« Bevor sie antworten konnte, ergriff Alì das Wort, der damals zwanzig Jahre alt war: Was in Pakistan absolut unüblich ist, dort spricht ein Jüngerer nie vor den Eltern oder den älteren Geschwistern. »Ich bin ein Khar, was meine Familie angeht, kann ich ebenso gut antworten.« Und so blieb die unverschämte Frage des Journalisten ohne Antwort.

Das war die Erste in einer ganzen Reihe von Pressekonferenzen und ich weiß nicht wie vielen Interviews. Die Presse interessierte sich leidenschaftlich für meinen Fall und trug sicherlich dazu bei, dass Tehmina den Kampf um meinen Reisepass schließlich gewann. Die offiziellen Stellen warfen Tehmina nicht nur krankhafte Geltungssucht vor, sondern beschuldigten außerdem mich, ich wolle auf Kosten des guten Rufes des Landes Reklame für mich machen, und verlangten von mir, ich müsse meinen *khurbani* anbieten, das Opfer für das Vaterland, und auf die Behandlung im Ausland verzichten. An meiner Statt antwortete Tehmina: »Fakhra hat Pakistan schon genug geben müssen, vergessen wir nicht, wie sehr sie schon als Kind gelitten hat.« Tehminas Strategie bestand darin, an zwei Fronten gleichzeitig zu agieren: Auf der einen Seite stand der öffentliche Feldzug in den Zeitungen und im Fernsehen, auf der anderen Seite wollte sie über ihre Beziehungen in die Zimmer der Mächtigen vordringen. Zu den Journalisten sagte sie: »Fakhra ist ein Symbol für die Ungerechtigkeit dieses Landes, in dem die Frauen nicht das Recht dazu haben, ihre Stimme zu Gehör zu bringen.« Und wenn irgendein hohes Tier aus der Regierung ihr nicht entgegenkam, dann versuchte sie es einfach eine Etage weiter oben.

Gibt es in Pakistan Pressefreiheit? Ja, folgt man dem Wortlaut des Gesetzes, der Freedom of Information Ordonnance, das 2003 erlassen wurde. Nein, so das Ergebnis der pakistanischen Abteilung von Human Rights, die im Jahr 2004 die illegale Verhaftung oder die Einschüchterung zahlreicher Journalisten anprangerte. Die Freiheit der Rede entspricht aber heutzutage dem Geist der Zeit: So werden Ineffizienz und Korruption weithin kritisiert, die Übermacht der Feudalherren und das Fortbestehen patriarchaler Gebräuche werden öffentlich angeprangert und darauf gedrängt, die bürgerlichen Freiheiten zu respektieren. Aber wie man schon in vielen anderen Ländern miterleben konnte, sind Kritiken am »System« eine lässliche Sache: Aber wehe, man kommt den Machthabern zu nahe.

Doch trotz der vielen Zeitungsartikel vergingen viele Tage, mein Reisepass ließ auf sich warten, und ich verfiel wieder in tiefe Niedergeschlagenheit. Dagegen halfen mir Antidepressiva, vor allem aber war es die Liebe derer, die bei mir waren, die mir Durchhaltevermögen gab. In Tehminas Haus wurde ich wie eine leibliche Tochter behandelt, und ich schlief bei ihrer Schwester Zermina (die auch ich liebevoll Tante Kartöffelchen nannte, Guppo Khala). Biba, Tehminas älteste Tochter, rief mich aus New

York an, wo sie damals wohnte, um zu hören, wie es mir geht, und Tehmina selbst wollte mir einen Sari schenken, den die Frauen ihrer Familie einander vermachen, um ihn bei besonderen Gelegenheiten zu tragen: Schwarz, mit herrlichen Stickereien und kleinen Fransen aus Dattelsamen. Und in diesem Haus voller Spiegel, die ich sorgfältig vermied, merkte ich, dass auch Tehmina, Zermina und Nisha sich nicht mehr im Spiegel ansahen und die Gewohnheit aufgegeben hatten, sich zu schminken.

Aber über unserem Leben in Lahore ballten sich finstere Wolken zusammen.

Eines Abends war Tehmina ein schwarzer Jeep voller bewaffneter Männer aufgefallen, der immerzu unser Haus umkreiste. Am nächsten Tag stellte sie neun weitere Männer ein, die unsere Sicherheit garantieren sollten: Einige wurden auf dem Dach postiert, die anderen im Garten. Nisha hörte auf zu arbeiten, Alì und Hamza gingen nicht mehr in ihre Kurse, und ich verzichtete aus Angst vor einer Entführung ganz darauf, nach draußen zu gehen. Nisha sagt heute, dass sie in jenen Tagen nie Angst um sich selbst hatte, weil sie felsenfest überzeugt war, dass Bilal sie liebte: Aber sie hatte Angst um ihre Mutter und um ihre Brüder. Wenn Tehmina etwas Schlimmes zugestoßen wäre, hätten Alì und Hamza wahrscheinlich versucht, ihren älteren Bruder zu töten.

Uns allen kamen die Tage unerträglich lang vor: Aber das Leben im Belagerungszustand hatte einen unglaublichen familiären Zusammenhalt zur Folge, und viele Freunde zeigten sich solidarisch. Häufig kamen Tehminas Freundinnen zu Besuch und blieben die ganze Nacht bei uns, um uns die Zeit zu vertreiben. Sie haben mir sehr geholfen, meine traurigen Gedanken zu verdrängen. In jener Zeit wurde die Sympathie, die zwischen mir und Nisha von Anfang an geherrscht hatte, zu einer tiefen Zuneigung. Wir waren zwei etwa gleichaltrige Mädchen, wir mochten dieselben Lieder, und dieses Leben als Eingesperrte belastete uns gleichermaßen. »Und wenn wir eine Partie mit dem Auto unternehmen würden?«, flüsterte sie mir eines Tages verschwörerisch ins Ohr. Tehmina arbeitete hinter verschlossener Tür in ihrem Zimmer, die Hausangestellten schliefen oder waren mit ihren Arbeiten beschäftigt. Nisha setzte sich ans Steuer, ich rollte mich auf der Rückbank zusammen, damit mich niemand sehen konnte … und wir büxten von zu Hause aus, um eine kleine Spazierfahrt zu machen. Zum Glück ist nichts passiert: Für uns war es nur ein kleiner Ausflug, bei dem wir ein wenig Freiheit atmen konnten.

Tehmina webte unermüdlich an ihrem Netzwerk aus politischen Kontakten, öffentlichem Feldzug und internationalen Beziehungen. Aus Italien kam die Nachricht, dass ein Kosmetikunternehmen seine Hilfe anbot und für mich das Einreisevisum beantragen würde, sobald ich die Erlaubnis erhalten hatte, Pakistan zu verlassen.

In den Zeitungen war immer noch von uns die Rede. Die Artikel berichteten über unser Leben, aber sie endeten immer mit den gleichen Worten: Wird es Fakhra gelingen, der Belagerung zu entkommen und nach Italien zu reisen, um ihr Gesicht wiederherstellen zu lassen? Und das begann Mustafa allmählich zu stören, besonders in jener Zeit, da er in die aktive Politik zurückzukehren beabsichtigte. Dennoch war das Verhältnis zwischen ihm und uns gut, zum großen Teil dank Tehminas diplomatischer

Fähigkeiten. Und durch den Vater bekamen wir auch Nachricht von Bilal. So erfuhren wir, dass er zwischen aggressiven Momenten und Depressionen schwankte und ganze Tage damit verbrachte, in der fernen Moschee von Lal Qalander Shah Baz zu beten und zu weinen. Auch ich war oft dort gewesen, als ich noch in Karachi wohnte.

Wie ich schon gesagt habe, war Bilal Mustafas Lieblingssohn, und er ist seinem Vater am ähnlichsten: Aber er hat ihm auch die meisten Scherereien bereitet. Bilal ist nicht nur gut aussehend, elegant, gebildet: Oft ist er auch großzügig und freundlich. Aber all das ist wie weggewischt, wenn er seine Momente erschreckender Gewalttätigkeit hat. Und am Ende bereut er es und fleht weinend um Vergebung. Die ihm dann fast immer auch gewährt wird.

Lal Qalander war einer der vier großen Sufi, die im 13. Jahrhundert die Bevölkerung Pakistans zu ihrer Lehre und zum Islam bekehrten. Wie andere Persönlichkeiten der Sufi-Bewegung war Lal Qalander ein bedeutender Denker, Literat, Dichter und ein guter Redner. Mit großer Entschlossenheit führte er den Kampf gegen den raubgierigen Radscha von Sind.

Der Sufismus ist eine asketische Bewegung, welche die ganze islamische Welt ergriffen hat und ihren Höhepunkt zwischen dem 11. und 14. Jahrhundert erreichte. Er predigte einen Gott der Liebe anstatt einen Gott der Rache und hob die Bedeutung des Glaubens gegenüber der Einhaltung der von den Ulama [den islamischen Religionsgelehrten] auferlegten strengen Regeln hervor; er verherrlichte die Brüderlichkeit und verurteilte den Klassenstolz, wodurch er den Anstoß zu einer kulturellen und gesellschaftlichen Umwälzung gab. In Pakistan war er von solcher Bedeutung, dass heutige Historiker behaupten, ohne die Sufi-Bewegung wäre Pakistan nie entstanden.

Die Musik der Sufi hat heute immer mehr Anhänger, in Pakistan ebenso wie im Iran, in der Türkei und in Bangladesch. Es ist eine Form religiöser Musik, die durch den Gesang der Unterwerfung unter Gott die Zuhörer in spirituelle Ekstase versetzt. Sie hat ihre eigenen Stars und verschmäht die Formen der Massenkommunikation und der Begeisterung, von denen die moderne Musik geprägt ist, keineswegs.

Vielleicht weil ihr klar geworden war, dass die Publicity, die die Zeitungen meinem Fall verschafften, uns nützlich sein konnte, beschloss Tehmina, eine Pressekonferenz in Islamabad abzuhalten, der Hauptstadt Pakistans. Wir fuhren im Wagen dorthin, Tehmina, Inamullah Uncle (seit er beschlossen hatte, mein Leben in seine Hände zu nehmen, nannte ich ihn Onkel), Nauman, ich, der Chauffeur und die bewaffnete Eskorte: Es ging geradewegs zum Militärhospital, ein Ort, wo keine Überraschungen von Bilal zu befürchten waren.

Auch nach dieser Pressekonferenz, die in einem großen Hotel stattfand, gab es große Schlagzeilen in den Zeitungen und einen ausführlichen Bericht im Fernsehen. Die Journalisten waren einhellig der Meinung: Die Regierung musste mir das Visum ausstellen, damit ich im Ausland behandelt werden konnte. Trotz alledem kam das Visum nicht. Die Regierung beschränkte sich darauf, ein bescheidenes Zeichen des guten Willens anzubieten. Tehmina hielt es für taktisch klug, darauf einzugehen: Es ging um einen Aufenthalt im Militärhospital, um meinen physischen und psychischen Gesundheitszustand zu untersuchen.

Diesmal kam die ganze Familie mit, auch Zermina, Nisha, Alì und Hamza: Alle logierten in einem Krankenhaus, das eher aussah wie ein großes Hotel. In jener Zeit wohnte dort auch der Ehemann von Benazir Bhutto, der zu einer Haftstrafe verurteilt war: Er verfügte über eine Suite mit zehn Zimmern.

Asif Alì Zardari, der Ehemann Benazirs und während ihrer Regierungszeit Minister für Investitionen, stand acht Jahre lang im Hospital unter Arrest. Er war wegen Korruption verurteilt worden, außerdem stand er unter Anklage (doch ohne dass sichere Beweise zu seinen Lasten gefunden wurden), den Mord an Benazirs Bruder und Rivalen Murtaza in Auftrag gegeben zu haben, der bei Unruhen in Karachi von der Polizei getötet wurde.

Das National Accountability Bureau, das in Pakistan dieselbe Funktion hat wie bei uns der Rechnungshof, beschuldigte Zardari unter anderem, mit öffentlichen Geldern zwei Polo-Felder und siebenundvierzig Rennställe gekauft zu haben, und der von ihm verursachte Schaden an den Staatskassen wurde auf zwölf Milliarden Dollar beziffert. Zardari, der aus seinem Krankenhaus-Domizil heraus das Volk gegen die aktuelle Regierung aufhetzte, wurde Ende 2004 freigelassen, aber zwei Tage später wieder unter Hausarrest gestellt. Wahrscheinlich handelte es sich um ein kompliziertes Spiel von Bündnissen und Verdächtigungen gegen einen Mann und seine Partei, die Volkspartei, die immer noch viele Anhänger haben.

Der unglaubliche Luxus jenes Hospitals rief mir als krassen Gegensatz das Civil Hospital von Karachi in Erinnerung. Tagsüber wie nachts war das Krankenhaus in Islamabad ein Palast, das in Karachi ein elendes Loch. Hier gab es am Eingang einen Springbrunnen, dort die Wasserverkäufer mit ihren Ziegenschläuchen. Hier war alles sauber und keimfrei, dort lagen überall verschmierte

Lappen voll Blut und Eiter auf dem Fußboden. In Islamabad wurden täglich die Bettlaken gewechselt, in Karachi musste man sich die Wäsche von zu Hause mitbringen. In Islamabad gab es Blumen, und überall herrschte Stille, während in Karachi im ganzen Krankenhaus die Schreie der Patienten zu hören waren, die ohne Narkose operiert wurden, den Kopf zwischen zwei Holztische geklemmt, damit sie sich nicht bewegen konnten. Und sie starben wie die Fliegen, worauf das frei gewordene Bett sofort von einem anderen Unglücklichen belegt wurde. Wenn ich überlebt habe, dann nur deshalb, weil meine Familie, auch mit der Hilfe von Leuten, die mich lieb hatten wie Hemat und Nadim, mir die Arzneien bezahlen konnte. Und weil viele Bekannte, sogar die Hammà, unsere alte Dienerin, kamen und für meine Rettung Blut spendeten. Und schließlich auch deshalb, weil ein Anruf Tehminas bewirkt hatte, dass jeden Tag viele Ärzte vorbeikamen und nach mir sahen.

Im Aga Khan Hospital war die Versorgung viel besser, aber man musste alles bezahlen. Ich war zwei Monate dort, und man machte die ersten Hauttransplantationen an den Beinen und im Gesicht. Dort müssen sowohl das Krankenhauspersonal als auch die Besucher immer Haube, Holzschuhe und Handschuhe tragen. Aber die Kosten waren so hoch, dass ich nach ein paar Tagen zu Mama sagte: »Verkauf das Haus.« Und seit jenem Tag ist sie mal hier, mal da untergebracht, mal bei Verwandten, mal bei Freunden. Heute wohnt sie bei Kiran.

Nach der Reise nach Islamabad verbrachte ich noch zwei Monate in Lahore: Immer umgeben von Liebe und Zuneigung und mit vielen Annehmlichkeiten – ein Arzt, der mich regelmäßig untersuchte, eine Frau, die zur Massage kam, eine Babysitterin für Nauman – aber gleichzeitig immer mit der beklemmenden Sorge, dass ich keinen Reisepass bekommen würde, wie eine Tür, die sich nicht öffnen ließ, eine Hoffnung, deren Erfüllung immer wieder aufgeschoben wurde.

Bis eines Tages Tehmina in das Zimmer trat, in dem ich gerade mit Zermina saß. »Da ist etwas für dich«, sagte sie lächelnd, wobei sie etwas hinter dem Rücken hielt. »Ein Brief, ein Foto?« versuchte ich zu erraten. »Mehr, mehr, etwas viel Besseres«, lachte Tehmina. Endlich zog sie die Hand hinter dem Rücken hervor und zeigte mir, was darin lag. Es war mein Personalausweis, der erste Schritt in die Freiheit. Der nächste Schritt war die Ausstellung des Reisepasses. Zuletzt traf das Einreisevisum für Italien ein, was fehlte, was das pakistanische Ausreisevisum.

Wieder vergingen ein paar Wochen angespannten Wartens.

Endlich, an einem Morgen im Juli 2001, traf auch das ein. Ich hatte das Gefühl, mir würde das Herz zerspringen, Nisha schluchzte wie ein Springbrunnen, alle Leute aus dem Haus liefen aufgeregt herbei, weil Tehmina noch am selben Abend abreisen wollte. Wir waren alle froh und traurig zugleich: Weil ich endlich in Behandlung gehen konnte, aber weil auch die Zeit wunderbarer Gemeinschaft ein Ende hatte, die aus der Belagerung durch Bilal entstanden war.

Die Nachricht, dass ich das Visum bekommen hatte, verbreitete sich augenblicklich unter den Journalisten, und schon die Nachmittagszeitungen schrieben, dass ich am selben Abend das Flugzeug von Lahore nehmen würde. Aber Tehmina hatte einen anderen Plan.

Wir fuhren mit dem Auto nach Islamabad, so schnell es ging, weil immer noch ein Überfall Bilals zu befürchten stand: Wir waren ein kleiner Konvoi mit drei Autos, vorneweg und hinterdrein die bewaffnete Eskorte, in der Mitte fuhren Tehmina, ihre Freundin Mariàm, Nauman und ich.

Ich hatte den Gebetsteppich in den Koffer gepackt, einen Koran auf Urdu, ein altes Armband, das Guppo Khala mir geschenkt hatte, ein paar Kleider für mich, Naumans Kleider, darunter auch eine Hose, die er getragen hatte, als er noch ganz klein war, ein paar Spielsachen. Sonst nichts: ein einziger Koffer für zweiundzwanzig Jahre meines Lebens und sechs Jahre von Nauman.

Die drei Autos hielten vor der VIP-Halle des Flughafens von Islamabad. Obwohl die Fahrt ruhig verlaufen war, fürchteten wir immer noch einen plötzlichen Angriff bewaffneter Männer: Wir wären nicht erstaunt gewesen, wenn Bilal mit Gewalt versucht hätte, mich an der Ausreise aus Pakistan zu hindern. Doch alles ging gut, wir flogen in der *Business Class* bis nach Dubai, und um drei Uhr nachts ging es weiter nach Rom. An Bord hörte ich zum ersten Mal Italienisch: Es klang sehr komisch, ganz anders als Englisch, wie Geräusche aus dem Dschungel, jemand sagte unentwegt »*tchaaao, tchaaao*«, das hörte sich an wie ein Papagei. Von Italien wusste ich nur, dass von dort die schönen Schuhe kamen, Rom hatte ich in dem Film *Italian Holidays* und in einem Kostümfilm gesehen: In meiner Erinnerung war Rom eine Stadt mit hohen Mauern aus rotem Backstein.

Am Flughafen Fiumicino warteten viele Leute auf uns: Haim, ein israelischer Freund von Tehmina, eine Dame in einem knallroten Kleid (das wunderte mich, in Pakistan würde niemand im Sommer Rot tragen), eine Freundin des Direktors des Kosmetikunternehmens, das unsere Reise bezahlt hatte, und Clarice Felli, die später so wichtig für mein Leben in Rom sein würde. Wir fuhren alle zusammen zu Haim zum Essen, er kochte Pasta. Für mich war das nichts Neues, Bilal hatte oft für mich Pasta gekocht, er hatte es in London von italienischen Bekannten gelernt; für Nauman war es jedoch schwierig, und noch lange weigerte er sich, Pasta zu essen. Wir waren beide sehr müde, verwirrt und ein bisschen ängstlich. Wir waren wirklich in eine völlig andere Welt geraten: Das fing schon mit der Bedienung der Dusche an, der ich am nächsten Morgen nur eiskaltes Wasser entlockte. Vielleicht brauchen die Italiener ja im Sommer kein warmes Wasser, sagte ich mir. Auch Tehmina kam mir verändert vor, sie wirkte entschlossener. Vielleicht, weil in Italien die Frauen, auch die reichen, alles selber machen müssen: In Lahore gab es zum Beispiel eine Dienerin für ihre Garderobe, die ihr die Koffer packte und schon wusste, was hineingehörte, welche Kleider und welches Makeup, je nachdem, ob sie nach Islamabad reiste oder nach London.

Am nächsten Tag kamen die Journalisten, die alles über mein Leben erfahren wollten. Ich machte mir ein bisschen Sorgen um Nauman, der schweigsam und traurig war. Die ersten Tage blieben wir immer zu Hause bei

Haim, und die Spielsachen trösteten ihn nicht. Ich freute mich, als kurz darauf die rot gekleidete Dame entschied, ihn mit nach Sardinien zu nehmen, ans Meer.

Dann kam der Tag der ersten Untersuchung beim Chirurgen. Ich wurde in eine Privatklinik gebracht, und in den Saal kamen auch Journalisten, ungefähr zwanzig, darunter auch zwei Männer, eine Frau mit Namen Ludina und Benedetta, die junge Frau, der ich in Khala Katai begegnet war. »Zieh dich aus«, sagte der Arzt zu mir. Fragend sah ich Tehmina an, die neben mir stand. Alles? Alles. Vor allen Leuten? Vor allen Leuten. Ich fühlte mich sehr unglücklich: Wir Moslems haben mehr Schamgefühl, was den Körper angeht, ich kam mir vor wie ein Ding in den Händen dieses Arztes, der es allen Anwesenden zeigt.

Nach der Untersuchung sagte er, es wäre besser, Professor Cervelli zu Rate zu ziehen. Er sehe sich nicht imstande, in diesem Brei, aus dem damals Gesicht, Hals, Brustkorb und der linke Arm bestanden, einen Eingriff durchzuführen. Er selbst begleitete mich zu Cervelli, immer noch die Journalisten im Schlepptau. »Zieh dich aus«, wiederholte er im Befehlston. »Nicht nötig«, sagte Cervelli. Und er gab mir einen Kuss auf die Stirn. Ich bat um ein Glas Wasser, und er überließ mir den Schlüssel für den Getränkeautomaten, an dem Nauman sich sofort reichlich bediente. »Als Erstes müssen wir den Hals wieder freilegen«, sagte er. »*Neck, neck*«, wiederholte er an mich gerichtet. Ich begriff, dass er so Englisch sprach wie ich, also nicht gut. Und ich spürte, in ihm einen Mann getroffen zu haben, der mich beschützen wollte. Seit diesem Tag habe ich Cervelli sehr lieb, mit einer ganz reinen Liebe, die sich auch auf seine Familie und seine Assistenten erstreckt, die immer gut zu mir waren. Wenn ich bete, bete ich auch für ihn, dass er glücklich ist und Erfolg hat.

Nach der Untersuchung hatte Cervelli eine lange Unterredung mit Tehmina, bei der er ihr erklärte, dass der Eingriff, den er sich vorstellte, sehr schwierig werden würde. »Wenn du ein besseres Leben führen willst, musst du etwas riskieren. Entweder du stirbst dabei, oder du lebst weiterhin ein sehr hartes Leben«, sagte sie zu mir. »Ich willige ein, wenn du mir versprichst, dich um Nauman zu kümmern, wenn ich nicht mehr aufwachen sollte.« Sie versprach es mir. Und so gab ich mein Einverständnis für die Operation.

Eine vorbildliche Mutter

Mein Hauptproblem war: Was wird aus Nauman, wenn ich im Krankenhaus bin? Ein Problem, das noch zu dem meiner eigenen Unterbringung für die Zeit, in der ich *nicht* im Krankenhaus war, hinzukam. Erst hatte ich bei verschiedenen Freunden von Tehmina gewohnt, war von einem Haus ins andere gezogen, bis sie mich im August in einem Seniorenheim in Ostia unterbrachten, einer kleinen Stadt in der Nähe von Rom. Und sie ließen mich in Gegenwart eines Anwalts ein Blatt Papier unterschreiben, in dem stand, dass ich meinen Sohn für die gesamte Zeit, in der ich in Italien behandelt wurde, in die Obhut der Dame in Rot gab. Das waren sehr traurige Tage, auch wenn es mir an nichts fehlte. Oder besser gesagt, etwas fehlte mir entsetzlich, nämlich mein Sohn. Und ich konnte es niemandem sagen, weil ich Italienisch immer noch weder sprechen noch verstehen konnte. Abends brachten sie uns das Essen um halb sieben. Nach dem Abendessen, wenn es dunkel war, ging ich nach draußen, setzte mich auf eine Bank und weinte. Die Straße war dunkel, niemand sah mich: Und ich hatte das Gefühl, dass auch meine Zukunft stockdunkel war. Eine lange, dunkle Straße vor mir.

Im September kam Nauman aus Sardinien zurück, und

eines Abends ging ich ihn im Haus der Dame an der Piazza Spagna besuchen. Bei der Gelegenheit fiel mir auf, dass mein kleines Äffchen bereits alle lebensnotwendigen Wörter gelernt hatte: Seife, Zahnpasta, Wasser, Pyjama, heiß, kalt, Salz, Zwiebeln. Und auch viele Liedtexte. Er eroberte sich das Italienische sehr schnell: Mir kam es vor wie ein Wunder. Ganz glücklich erzählte ich Allam davon, einem alten Herrn aus Pakistan, der mir von einer Pflegerin in Ostia vorgestellt worden war. »Aber lass ihn bloß nicht bei den Italienern«, sagte er zu mir, »denn hier lassen die Kinder, wenn sie groß werden, ihre Eltern in Einsamkeit sterben, sie bringen ihnen nicht einmal ein Glas Wasser.« Das klang beunruhigend, und seine Worte gefielen mir nicht: Ich finde es nicht richtig, schlecht von den Leuten des Landes zu sprechen, in dem man zu Gast ist.

Im gleichen Monat, nämlich im September, wurde ich ins Ospedale Sant'Eugenio eingeliefert, in die chirurgische Abteilung der Klinik der Tor-Vergata-Universität in Rom. Dort sollte der erste Eingriff gemacht werden, der mir den Hals wieder freilegen würde. Ich hatte große Angst: Weniger vor dem Schmerz, sondern vor allem davor, dass ich nicht verstehen würde, was man mir sagte. Am Abend vor der Operation konnte ich nicht einschlafen, obwohl ich Tavor geschluckt hatte. Als alle schliefen, bin ich in den Korridor gegangen, wo eine Statue von Bibi Mariàm stand, und habe gebetet.

Fakhras selbstgebastelte Religiosität, die heutzutage offen auszuleben in einem islamischen Land durchaus gefährlich wäre, hat für ältere Moslems gar nichts Anstößiges an sich. Über die Jahrhunderte ist der Islam weitaus toleranter gewesen als das Christentum, und auch heute noch vertreten viele Gläubige, vor allem die weniger jungen, die feste Auffassung, dass der Fanatismus der Fundamentalisten den Prinzipien ihrer Religion zuwiderläuft. Und sie zitieren den Koran: »Wir glauben an Gott und an das, was er uns geoffenbart, was er Abraham, Ismael, Isaak, Jakob und den Stammesvätern geoffenbart, und was Moses, Jesus und den Propheten von ihrem Herrn ward. Wir unterscheiden zwischen keinem von ihnen. ... Und streitet nicht mit den Leuten des Buches, und wenn, dann nur in gesitteten Worten, es sei denn, sie handeln unrecht, und sagt: ›Wir glauben an das, was zu uns herabgesandt wurde, und an das, was zu euch herabgesandt wurde: Euer Gott und Unser Gott sind ein und derselbe‹.«

Diese schönen Worte sind im heutigen Pakistan praktisch vergessen. Oft wird das Land zum Schauplatz blutiger Attentate zwischen Sunniten und Schiiten und von Morden, die im Namen des Kampfes gegen Gotteslästerung begangen werden. Die Todesstrafe für Fluchworte gegen den Propheten, die seit den Gesetzen von 1980 gilt, wurde nie angewendet, aber in vielen Fällen wurden der Gotteslästerung Beschuldigte im Gefängnis umgebracht oder nach ihrer Freilassung von islamischen Fanatikern getötet. In einem Fall wurde ein Richter ermordet, der einen Angeklagten freigesprochen hatte. Doch es ist die Existenz dieses Gesetzes selbst (gegen das der Weltkirchenrat Beschwerde bei den Vereinten Nationen eingelegt hat), welche das Leben der Christen, Hindus und der Angehörigen der Ahmadiyya-Glaubensgemeinschaft so schwierig macht. Aus Protest gegen die Intoleranz gegenüber den religiösen Minderheiten, die sich ständigen Drohungen aller Art ausgesetzt sehen, wählte der katholische Bischof von Faisalabad, Monsignore John Joseph, im Jahr 1998 den Freitod.

Mir wurde in jener Zeit ein so genannter »Kulturvermittler« zur Seite gestellt. Das ist jemand, der Ausländern Beistand leistet, die kein Italienisch sprechen und ins Krankenhaus kommen oder bei Ämtern vorsprechen müssen. Es war ein Mann, der mir als Allererstes sagte, ich hätte einen Fehler gemacht, aus Pakistan wegzugehen, denn dort hätten die Frauen mehr Würde als hier und würden respektiert. Das musste er nun ausgerechnet zu mir sagen, die ich einen Ehemann hatte, der mich so sehr »respektierte«, dass er mein Gesicht mit Säure auslöschen wollte! Zum Glück ist er nur zwei oder drei Mal gekommen, danach trat ein Mädchen aus Indien an seine Stelle, die zwar nur wenig Urdu sprach, aber sanft und sympathisch war: Wir wurden Freundinnen und sind es bis heute geblieben.

Die erste Bekanntschaft mit einem italienischen Operationssaal war fürchterlich, weil sie es nicht geschafft haben, mir eine Narkose zu setzen. Die Ärzte konnten keine Vene finden, die groß genug war, sie versuchten es überall, auch am Bauch, ich weinte, die Laken waren schon ganz rot vom Blut. Da kam Cervelli eine Idee: Er rief seinen Anästhesisten an, Doktor Mauro, der ein Genie ist. Erst setzte er mir eine ganz kleine Betäubungsspritze mit einer winzig kleinen Nadel, und als ich keinen Schmerz mehr empfand, kam er mit der großen Spritze an, um die Vene zu suchen, und endlich bin ich dann eingeschlafen.

Das Aufwachen war nicht leicht, weil sie mich so hingelegt hatten, dass mein Kopf nach unten gebettet war und meine Beine oben lagen. Um mich herum erblickte ich Cervelli, umgeben von seinen Helfern, die alle grün angezogen waren (anders als in Pakistan, wo Chirurgen Himmelblau tragen) und allesamt zufriedene Gesichter machten. Jemand machte mir das »Okay«-Zeichen mit dem nach oben zeigenden Daumen, und Cervelli sagte immerzu: »*Very good, very good.*« Die ersten Tage nach dem Eingriff hatte ich starke Schmerzen am Hals und am Rücken, aber ich fühlte mich stets mit großer menschlicher Wärme umsorgt: Cervellis Assistenten kamen häufig vorbei, um sich nach mir zu erkundigen, und der Professor selbst kam jeden Tag zu mir, bevor er nach Hause ging, wenn er schon die Arztkleidung abgelegt hatte, gab mir einen Kuss auf die Stirn und sagte »*very good*« oder »alles bestens«. Besonders gern erinnere ich mich an eine Ärztin namens Alessandra, die mir, wenn sie mich behandelte, ganz vorsichtig die Verbände entfernte, um mir nicht wehzutun, und an die Laborärztin, Isabella, die mich, als ich schon wieder aufstehen konnte, mit zu sich nach Hause nahm und mir ihren Mann und ihren Sohn vorstellte. Und auch die Krankenschwestern waren sehr nett zu mir, sie brachten mir frisch gepressten Orangensaft und Gebäck und ließen mich in ihrem Zimmer fernsehen. In Rom lernte ich ganz spontane Zuneigung kennen, keine mit Hintergedanken, wie man sie in Pakistan leider stets befürchten muss.

Als ich noch im Krankenhaus war, brachte die Dame in Rot Nauman auf Besuch: Er schien mir gewachsen zu sein. Leider konnte ich wegen all der Stiche am Hals noch nicht sprechen. Erst nach einem Monat nahmen sie mir alle Verbände ab. Der erste Impuls war, mir den Hals mit den Händen zu betasten: Er war weg, dieser Narbendschungel, der mir das Kinn am Bruskorb festnagelte! Sie gaben mir einen Spiegel, der Hals war frei, das Wunder war geschafft. Ich konnte wieder den Kopf heben und den Leuten in die Augen sehen.

Bevor ich aus der Klinik entlassen wurde, kamen mich zwei Prinzessinnen besuchen, Doris und Guia, die mit Tehmina befreundet waren. Solange Tehmina in Rom war, war ich mit ihr in vielen schönen Häusern zu Besuch gewesen und hatte bedeutende Persönlichkeiten kennengelernt: Aber nach meiner Entlassung aus dem Krankenhaus hatte ich das Gefühl, in einem anderen Film gelandet zu sein. Und zwar in einem Gruselfilm. Ich wurde in einem privat geführten Ausländerwohnheim im Nettuno untergebracht, das mir vorkam, als wäre ich wieder in Pakistan. Erst um sieben Uhr abends wurde Licht gemacht, wenn es bereits dunkel war, das Badezimmer teilte man sich mit zehn anderen Personen, gegessen wurde von Plastiktellern, jeden Tag gab es Gemüsesuppe, es gab keinen Fernseher, alkoholische Getränke waren verboten, aber viele Immigranten besorgten sich trotzdem welchen, und oft kam es zu fürchterlichen Streitereien.

Ich nahm alles gleichmütig hin, weil ich geduldig bin und nicht vor meinen Problemen weglaufe. Ich ertrug das Leben im Caritas-Zentrum, aber manchmal musste ich doch weinen.

Mein Sohn war immer unterwegs, ich sah ihn nur selten.

Aber wie konnte ich es anstellen, ihn dauerhaft bei mir zu behalten? Ich hatte weder eine Wohnung noch Geld, noch bestand die Hoffnung, dass sich das änderte. In den letzten Monaten hatte das Kosmetikunternehmen mir das bisschen zur Verfügung gestellt, was ich zum Leben brauchte: Aber angesichts der freundschaftlichen Beziehungen zwischen dem Direktor dieses Unternehmens und der Dame in Rot konnte ich mir schon denken, dass sie mir keinen Pfennig mehr gegeben hätten, wenn ich versuchte, Nauman zu mir zu holen. Vor meinem inneren Auge stiegen traurige Fantasien auf. Ich sah mich mutterseelenallein und ohne mein kleines Kind in einem fremden Land. Hatte ich ihn für immer verloren? Ich hatte nicht richtig verstanden, was auf dem Blatt Papier stand, das ich bei dem Anwalt unterschrieben hatte: Tehmina hatte mich gedrängt, das Angebot anzunehmen, aber auch sie kannte ja die italienischen Gesetze nicht so gut. Ich hatte Angst.

Eines Tages rief ich Clarice Felli an. In gebrochenem Englisch erzählte ich ihr von meinem Leben in Nettuno, und sie überflutete mich in ihrem gebrochenen Englisch mit einer Welle großer menschlicher Wärme. Meine Begegnung mit Clarice ist eine lustige Geschichte: Ich hatte sie am Flughafen kennengelernt, wohin sie in Begleitung eines Arztes aus Bangladesch gekommen war, kurze Zeit später sah ich sie wieder, als Tehmina noch in Rom war und wir mit ein paar anderen Leuten aufs Kapitol gegangen waren. Dort stand Clarice und diskutierte mit Walter Veltroni, dem Bürgermeister von Rom, ich verstand natürlich kein Wort, aber Clarice redete so hitzig auf ihn ein, dass sie mir vorkam wie eine Tigerin. Später erfuhr ich, dass sie ihn gerade um ein Haus zur Unterbringung von Säureopfern bat, und dass sie immer nur etwas für andere Leute forderte. Einmal hatte sie in der Zeitung gelesen, dass in Bangladesch die Mädchen mit Säure entstellt werden, nur weil sie einen Brautwerber zurückweisen oder weil ihre Familien nicht genügend Geld haben, um die volle Mitgift zu bezahlen. Sie empfand so großes Mitgefühl, dass sie ein Flugzeug nach Dacca nahm, mit einer Frauenorganisation mit Namen Naripokkho in Kontakt trat und zwei säureverätzte Mädchen mit zurück nach Rom brachte, die dann bei ihr wohnten. Vor ihrer Abreise gründete Clarice Smileagain, und irgendwann erreichte sie schließlich beim Bürgermeister, dass wir alle in einer Wohnung in der Nähe der Via Cristoforo Colombo untergebracht wurden, die heute Casa dei diritti umani (Haus der Menschenrechte) heißt.

Diese Wohnung war freilich noch ein Projekt und eine Hoffnung, als Clarice mich nach der ersten Operation im Krankenhaus besuchen kam. Sie brachte mir eine Schachtel Pralinen mit. »Könnte ich nicht ein bisschen Peperoncino haben?« fragte ich, weil ich mich so sehr nach dem scharfen pakistanischen Essen sehnte. Sie fing an zu lachen: Und seit jenem Tag bekomme ich von ihr zwar kein Peperoncino, aber dafür eine große Portion Ruhe und Vertrauen.

Noch mehr Vertrauen in die Italiener und Hoffnung für meine Zukunft in diesem Land hat mir ein ganz einfacher Mensch gegeben, Eliseo, ein ehemaliger Polizist, der mir als Fahrer zugewiesen wurde, um mich von Nettuno nach Rom zu den medizinischen Untersuchungen zu bringen. Auf der Fahrt unterhielten wir uns – er bemühte seinen ganzen guten Willen, um mein miserables Italienisch zu verstehen, und ich strengte mich an, um zu verstehen, oder besser zu erraten, was er mir zu sagen versuchte –, und mit der Zeit merkte ich, dass ich für ihn nicht nur eine Arbeit wie jede andere war, sondern etwas mehr. Eliseo kutschierte mich immer noch mit seinem Auto herum, auch wenn ihn niemand mehr dafür bezahlte, und sagt heute: »Es ist, als wäre Fakhra meine Tochter.«

Smileagain wurde im Juli 2000 als gemeinnützige Non-Profit-Organisation gegründet, weil Clarice Felli für die säureverätzten Mädchen aus Südwestasien »etwas tun« wollte.

Als Verwaltungsangestellte bei Ingenieursgesellschaften hatte Felli zwar keine Erfahrung mit solidarischen Strukturen, aber sie hatte ganz klar vor Augen, auf welche Weise sie die humanitären Ziele erreichen wollte, die sie sich vorgenommen hatte: Indem man die italienischen Institutionen zum Laufen brachte. »Ich glaube an den Staat«, sagt sie oft. Als Smileagain gegründet wurde, gab es einen Solidaritätsfonds beim Gesundheitsministerium, mit dem die beiden ersten jungen Frauen geheilt werden konnten, Tehmina Islam und Selina Aktar. Später wurden die diesbezüglichen Kompetenzen an die Regionen delegiert, was der Grund dafür ist, dass zwei pakistanische Mädchen, Maphara Sharif und Nasreen Sharif (aufgrund einer »behördlichen« Entscheidung bei ihrer Einreise nach Italien haben sie den gleichen Nachnamen, sie sind nicht miteinander verwandt), in Udine behandelt wurden, auf Kosten der Region Friaul-Julisch Venetien. Immer wenn sie nicht im Krankenhaus sind, leben die Säureopfer bei Kost und Logis im Haus der Menschenrechte der Stadt Rom. Alle sonstigen Ausgaben werden von Smileagain übernommen, das heute zweitausend Mitglieder hat und auch in Pakistan, Dubai und Nepal existiert. Dank des Engagements einer anderen Unternehmerin, Masarat Misbah, der Gründerin eines Filialengeschäfts von Kosmetiksalons mit Namen Depilex, entsteht in Pakistan gerade ein festes Netzwerk von plastischen Chirurgen und Rehabilitationszentren, um den verätzten Frauen die Möglichkeit zu geben, ihr Leben selbst zu bestimmen, ohne das Land verlassen zu müssen, und einen Beruf zu erlernen, der ihre Unabhängigkeit garantiert.

2004 wurde Clarice Felli von Staatspräsident Ciampi mit der Würdigung eines Cavaliere della Repubblica Italiana ausgezeichnet.

Als ich Veltroni zum ersten Mal traf, an eben dem Tag, als Clarice Felli so heftig auf ihn einredete, nahm er mich bei der Hand und sagte: »Komm mit mir, ich zeige dir eines der schönsten Panoramen der Welt.« Er führte mich in sein Büro und öffnete das Fenster: Es war wirklich schön. Unten lagen die Ruinen des Forum Romanum, etwas weiter entfernt das Kolosseum, am Horizont zeichnete sich die moderne Stadt ab. »Diese Stadt wird dich aufnehmen«, sagte er, »wir werden dich nicht allein lassen, Fakhra.« Er machte auf mich den Eindruck eines guten Mannes, auf den man sich verlassen kann.

Die Tage in Nettuno wurden immer kürzer, der Winter begann früh, aber die Fenster standen immer weit auf, es war schrecklich kalt im Wohnheim, Nauman war immer noch auf Reisen, gelegentlich telefonierten wir miteinander. Aber auch hier bekam ich ein wenig Wärme durch die Herzlichkeit eines Italieners, Michele, dem Leiter des Wohnheims, der mir abends manchmal, wenn die anderen schon schliefen, eine Frittata brachte und einen Malblock mit vielen Buntstiften, und sagte: »Mal doch ein bisschen!«

Nach drei Monaten hatte ich die zweite Operation, bei der sie mir einen großen Teil der Nase rekonstruierten, ein Auge öffneten (das jedoch ganz weiß geworden war, erst später bekam ich ein Hornhauttransplantat) und beim zweiten die Öffnung vergrößerten. Dieses Mal machte das Hospital mir weniger Angst: Ich wusste, ich würde

Professor Cervelli wieder treffen, der immer erst den Brummbär spielt, aber dann die Güte in Person ist, mir den Schlüssel zum Getränkeautomaten gibt und mich anschnauzt, wenn ich dann Zigaretten mitbringe: »Das war das allerletzte Mal!« Ich wusste, dass ich die Ärztinnen und Krankenschwestern wiedersehen würde, die mich wie eine alte Freundin behandelten, und ich wusste, dass ich neue Leute kennenlernen würde, jetzt, wo ich schon ein bisschen Italienisch verstand.

Die erste neue Freundschaft, die im Krankenhaus entstand, hatte einen lustigen Anfang. Ich sah eine Frau im Nebenzimmer, die lachte, und weil ich dachte, sie würde über mich lachen, fing ich an zu weinen. Aber sie hatte über etwas vollkommen anderes gelacht, und als sie mich weinen sah, kam sie, um mich zu trösten: Sie heißt Ilaria, und wir haben uns wiedergesehen, sowohl im Krankenhaus als auch nach der Entlassung. Eine andere Freundin aus dem Krankenhaus war Enza, die mich später zu sich nach Hause nach Pomezia eingeladen hat, wo ich mit ihrem Mann und ihren Kindern in einer hell erleuchteten Küche saß und großen Spaß hatte. Und wenn ich Lust dazu hatte, konnte ich sogar kochen. Ein wahres Wunder, diese Bekanntschaften: Sie haben mein Herz erwärmt und mich dazu gebracht, die Italiener besser zu verstehen. Ihre Art und Weise, wie sie in der Familie leben und mit Freunden zusammen sind.

Nach der dritten Operation im März 2003 kam eine Dame, Emanuela Moroli, auf Besuch und sagte zu mir: »Morgen hole ich dich ab.« Sie brachte mich nach Torre Spaccata in ein Wohnheim, das Differenza Donna heißt und für vergewaltigte Frauen geschaffen wurde. Dort gab es viele Zimmer, dann waren da noch Büros für die Sozialarbeiterinnen, zuerst war ich die Einzige, die dort wohnte, aber dann kam noch ein Mädchen aus Bangladesch, das auch von Smileagain nach Italien gebracht worden war.

Am Anfang ging ich um drei Uhr nachts ins Bett und verschlief den ganzen Morgen, wie ich es immer getan hatte, aber dann sagte man mir: »Das hier ist kein Hotel, hier gibt es feste Regeln, du musst zur Psychologin gehen und deine Kurse besuchen, um lesen und schreiben zu lernen.«

Lesen, schreiben … der Gedanke gefiel mir. Und auch meine Lehrerin mochte ich sofort. Sie hieß Fulvia und war eine schöne junge Frau, die ein paar Jahre älter war als ich. Mit mir musste sie bei null beginnen. Also nahm sie eine Modezeitschrift, zeigte auf die Figuren, sagte »Rock«, »Stiefel«, »Tasche« und schrieb das Wort in ein schönes Heft.

Es war nur so, dass der Gedanke, lesen und schreiben zu können, mich faszinierte, aber die Praxis mich abschreckte. Es war alles entsetzlich schwierig, eine *mission impossible* für mich. Manchmal sagte ich mir: »Eines Tages schaffe ich es vielleicht«, aber wenn ich mich an meine Aufgaben machte, dachte ich: »Was bringt dir eigentlich die ganze Anstrengung?« Ich bekam schreckliche Beklemmungen, schon zwei Tage vor dem Unterricht wurde mir schlecht, ich rief Fulvia an, um mich krank zu melden. Aber das kam bei ihr gar nicht an, sie war unerbittlich, sie durchschaute meine Ausreden und kam trotzdem. Aus dieser Zeit habe ich ein Heft aufbewahrt, in das ich ganz eng »geschrieben« habe: Es waren gar keine echten

Buchstaben, sie sahen zwar so aus, aber es waren kleine Zeichnungen, die ich erfand, um mir einzubilden, dass ich ohne große Mühe schreiben konnte. Doch Fulvia war sehr geduldig mit mir, sie war felsenfest überzeugt, dass ich etwas lernen musste und konnte: So sehr, dass sie mir kostenlosen Unterricht für ein weiteres Jahr geben wollte, nachdem ihr Vertrag abgelaufen war. Ich mochte Fulvia, mit ihr sprach ich lieber über meine Probleme als mit der Psychologin.

Im Großen und Ganzen war es eine gute Zeit, ich lebte in angenehmer Umgebung, die Frauen waren nett, und ich war in Rom, nicht mehr in einer kleinen Stadt, weit entfernt von der großen Stadt, in der mein Sohn lebte. Auch hier gab es seelische Verletzungen zu verarbeiten, zum Beispiel, als ein Fest für Nauman organisiert wurde und ich nicht dabeisein durfte, weil die Betreuerinnen fürchteten, ich würde den Kindern einen Schrecken einjagen. Aber wie ich schon gesagt habe, gab es andere Dinge, die diese Wunden heilten, und das Leben bei Differenza Donna war auf jeden Fall tausend Mal besser als das in Nettuno.

Hier habe ich Tehmina Islam kennengelernt, das Mädchen aus Bangladesch, die ebenfalls mit Säure verätzt worden war und über Smileagain nach Italien kam. Tehmina war medizinische Assistentin gewesen, ein Zwischending aus Arzt und Krankenschwester. Als sie eines Tages in Begleitung einer Kollegin das Krankenhaus verließ, bekam sie eine volle Ladung Säure ins Gesicht. Aus Versehen, denn es war die andere junge Frau, die der Täter treffen wollte.

Tehmina hatte bereits einige Operationen hinter sich,

die ihr zartes Gesicht wieder rekonstruierten, das genau ihren Charakter widergespiegelt hatte. Sie sprach Hindi und verstand kein Urdi, ich verstehe Hindi, kann es aber nicht sprechen, sie hatte einigermaßen Italienisch gelernt, ich bis dahin nur sehr wenig, sie konnte gut Englisch, ich nicht besonders: Aber mit all diesen Sprachen zusammengenommen verstanden wir uns hervorragend. Wir gingen zusammen zur Piazza Vittoria, um Lebensmittel und Filme aus unseren Heimatländern zu kaufen, kochten abwechseln füreinander (auch wenn sie sehr schlecht kochte), ich wollte manchmal nicht alleine schlafen, und um sie zu überreden, zu mir aufs Zimmer zu kommen, erzählte ich ihr, ich hätte in ihrem Zimmer ein Gespenst gesehen, sodass sie sich bei Einbruch der Nacht zu sehr fürchtete, um alleine zu bleiben, und wir die ganze Nacht miteinander redeten und lachten. Ich zog sie immer damit auf, dass die Leute aus Bangladesch, die unentwegt Fisch und Zwiebeln essen, immer von einer Wolke aus Zwiebeldunst umgeben sind: Und ich schenkte ihr ein Parfüm. Aber sie war mir nicht böse und schenkte mir im Gegenstück ein T-Shirt.

Was mir wirklich Mut machte, war zu sehen, wie sie Woche für Woche gleichsam wiederauferstand: Die Operationen gaben ihr wirklich das Gesicht zurück. Zwar nicht genau dasselbe wie vorher, nicht ganz die glatte und frische Haut einer jungen Frau von fünfundzwanzig Jahren, aber doch ein im Großen und Ganzen angenehmes Aussehen. Als sie abreiste, war sie zwar nicht gerade wunderschön, aber hübsch auf jeden Fall. Wir organisierten ihr zu Ehren ein Fest, und sie hat mir drei herrliche Saris aus Bangladesch geschickt, leider ist unser Kontakt irgendwann abgebrochen. In der letzten E-Mail an Clarice hat sie berichtet, dass sie nun Mitglied in der englischen Organisation Acid Survivors ist, die sich um die Opfer von Säureattentaten in Dacca kümmert.

Das Dokument, das ich kurz nach meiner Ankunft in Italien unterzeichnet hatte, besagte, dass die Dame in Rot Nauman für die Dauer von zwei Jahren in ihre Obhut bekam. Zu Anfang dachte ich, dass dies eine sehr günstige und willkommene Abmachung war. Vor allem für ihn, weil er dadurch in einem reichen Haus leben konnte, die Ferien an luxuriösen Orten am Meer und in den Bergen verbrachte, alle Spielsachen bekam, die ein Kind sich nur wünschen kann, eine Playstation und ein Handy, und außerdem hatte er die Eltern der Dame in Rot so lieb gewonnen, dass er sie Opa und Oma nannte. Er war sogar auf einem Zeitungsfoto zu sehen, zwischen den VIP der Costa Smeralda. Für mich war es eine große Erleichterung, dass ich mir keine Sorgen um ihn machen musste: Besonders jetzt, wo man mir sagte, dass ich vielleicht zwischen Italien und Pakistan hin und her reisen müsste, um mich operieren zu lassen.

Es passierten aber immer wieder kleine Episoden, die wie Nadelstiche in meinem Herzen brannten: Die Dame in Rot teilte mir mit, dass Nauman sich für mich schämte und deshalb nicht mehr zu Schule gehen wollte. Und eines Tages erzählte sie mir, mein Sohn wolle den Namen wechseln. Wenn ich ihn traf, war er jedoch genauso liebevoll wie immer, aber nur wenn die Dame in Rot nicht dabei war. Wenn sie da war, wirkte Nauman unbehaglich und verlegen. Und gleich, ob sie da war oder nicht, schien er immer traurig zu sein. Oder müde. Auch wenn er gerade geschlafen hatte. Ich konnte ihn, wenn es hoch kam, einmal alle vierzehn Tage treffen. Denn oft sagten sie mir, dass ich aus irgendeinem Grund nicht kommen konnte.

Als Reaktion auf die wiederholten Aufrufe von Smileagain, den säureverätzten Mädchen zu Hilfe zu kommen, schenkte die Stadt Rom ihnen schließlich das »Haus der Menschenrechte«. Im November 2001 entstand auf einem von der Referentin Mariella Gramaglia organisierten Forum verschiedener Frauenorganisationen und Solidaritätsgruppen der Plan, ein Aufnahme- und Versammlungszentrum für Frauen ins Leben zu rufen, die Opfer von Verbrechen gegen die Menschlichkeit geworden waren. Die Beherbergung im Centro Differenza Donna war die erste Etappe des Engagements der Stadt Rom in diesem Projekt. Im Juli 2002 wurden zwei weitere, nicht weit voneinander entfernt liegende Häuser eröffnet, in denen jeweils sechs Personen aufgenommen werden können.

Weihnachten 2002 rückte näher, und ich wohnte schon im Haus der Menschenrechte. Einmal hatte ich endlich Nauman einen Abend lang ganz für mich alleine, und wir gingen mit Clarice und Carla, einer der ersten Unterstützerinnen von Smileagain, eine Pizza essen. Beim Gehen flüsterte Clarice mir zu: »Nauman hat doch alles: Warum ist er so traurig?« Als wir allein in meinem Zimmer waren, haben mein Sohn und ich lange miteinander geredet. Vielleicht sind alle Kinder auf dieser Welt traurig, wenn sie von ihrer Mama getrennt leben. Aber da war noch mehr: Nauman fühlte sich nicht sicher. Wenn er einmal weinen musste, vielleicht weil man ihn angeschrien hatte, drohte ihm die Dame in Rot: »Ich stecke dich in ein

Gefängnis für Kinder.« Und er hat mir erzählt, dass sie ihm den Kopf gegen den Tisch schlug, wenn er einmal nicht essen wollte, was auf dem Teller war. Aber besonders verstört war Nauman aus anderen, heiklen Gründen, von denen er nichts sagen wollte. Er machte sich Sorgen, »weil sie mächtig ist«, wie er sagte. Und ich stellte ein kleines Aufnahmegerät ein, das ich immer bei mir habe, seitdem Emanuela Moroli mir geraten hatte, den Kassetten meine Gedanken und Erinnerungen anzuvertrauen.

Am nächsten Tag bat ich Angela, die Verantwortliche der Vereinigung, die das Haus führte, die Dame in Rot anzurufen und ihr Bescheid zu sagen, dass Nauman heute nicht zurückkommen würde, weil er Fieber hatte. Am nächsten Tag benutzte ich dieselbe Entschuldigung. Am dritten Tag ist die Dame zur Polizei gegangen und hat mich angezeigt.

Nach einiger Zeit wollte der Kommissar etwas mehr über Naumans und meine Geschichte erfahren: Aber es war Angela als die Verantwortliche des von der Stadt Rom unterstützten Hauses der Menschenrechte, die hinging und mit ihm sprach. Schließlich wusste sie alles von mir und meiner Angst, dass man mir Nauman wegnehmen könnte, und sie kannte auch den Inhalt der Kassettenaufnahme. Es vergingen noch ein paar Wochen, danach wollte der Richter oder vielmehr die Richterin mit mir und der Dame in Rot sprechen. Sie stellte einige Fragen, hörte uns aufmerksam an und entschied, dass Nauman und ich zu einem Psychiater der psychiatrischen Klinik »Bambino Gesù« gehen sollten. Bestimmt war die Dame in Rot jetzt zufrieden, denn schon seit längerem behauptete sie, ich müsse zu einem Nervendoktor, ich sei schwach und hätte den Geisteszustand eines Kindes. Die Richterin sagte, es müsse etwas erstellt werden, von dem ich nicht wusste, was es war: ein »Gutachten«.

So begann eine harte Zeit: Drei Mal in der Woche verließ ich um halb sieben Uhr morgens mit meinem Kind das Haus, wir nahmen den Bus und stellten uns um halb acht in die Schlange. Dann waren wir zwei oder drei Stunden bei einem netten Doktor, der Nauman manchmal allein in ein Zimmer brachte, wo er mit kleinen Autos spielen konnte oder mit Puppen, die einen Pimmel hatten oder eine Virginia (oder wie das heißt – ach nein, Vagina). Er konnte uns nicht sehen, aber der Doktor und ich sahen ihn durch eine Glasscheibe, die auf der anderen Seite verspiegelt war. Zum Glück hat sich Nauman nie für die Puppen interessiert, sondern viel lieber mit den Autos gespielt.

Am Ende dieser monatelangen Untersuchung hat der Arzt zu mir gesagt: »Seien Sie ganz beruhigt, Ihrem Sohn geht es gut, und Sie sind eine gute Mutter. Niemand wird Ihnen das Kind wegnehmen.« Das hat mich natürlich sehr gefreut, aber ich war noch nicht völlig beruhigt: Richter sind schließlich keine Ärzte, und die endgültige Entscheidung trifft das Gericht.

In jener Zeit war mir besonders Angela eine große Hilfe, die mich zwang, zum Psychiater zu gehen, auch wenn ich keine Lust hatte, und außerdem Silvia, die Sozialarbeiterin. Sie beide machten mir Mut, darum zu bitten, dass mein Sohn bei mir bleiben sollte. Die Eltern und Freunde der Dame in Rot dagegen versuchten mich davon zu überzeugen, dass es für ihn besser war, für immer bei ihnen zu leben.

Diese Monate markierten einen wichtigen Wendepunkt in unserem Leben. Vor allem, weil wir zusammenlebten, was in der Vergangenheit immer nur in kurzen Perioden der Fall war. Und das ist wirklich etwas, für das ich mich schuldig fühle: Ich denke immer, wenn ich nicht geheiratet hätte, hätte Nauman ein ruhiges und fröhliches Leben haben können. Im Haus der Menschenrechte begann für ihn das Leben eines armen Kindes. Oder besser gesagt: eines nicht reichen Kindes. Aus dem Palast an der Piazza del Pantheon, einem der schönsten Plätze der römischen Altstadt, oder aus dem kleinen Haus an der Piazza di Spagna zog er in ein zwar anständiges, aber anonymes Gebäude in einem modernen Viertel in der Nähe der Via Cristoforo Colombo. Anstelle der Markenkleider von Dolce & Gabbana bekam er nun T-Shirts aus dem Kaufhaus. Statt in den Kindergarten von Trinità dei Monti, in den die Kinder von Diplomaten und reichen Berühmtheiten gehen, ging er nun in eine ganz normale staatliche Schule zusammen mit anderen dunkelhäutigen Kindern. Ein Leben, an das Nauman sich mit größter Leichtigkeit anpasste, indem er sofort Freundschaft mit seinen neuen Klassenkameraden schloss. Allerdings fragte er oft nach »Oma und Opa«, und deshalb erschien es mir auch richtig, die Beziehung zu der Dame in Rot nicht völlig abzubrechen. Auch wenn es immer noch Episoden gab, die mich schrecklich geärgert haben (wie ein kleines Fahrrad, auf dem stand: »Du bist ein kleines Vögelchen im Käfig, hoffentlich können wir dich bald befreien«), begriff ich doch, dass es zu den alten Großeltern eine emotionale Bindung gab, die ich nicht zerstören durfte.

Wertvolle Hilfe war für mich Clarice. Nicht nur weil sie immer sehr liebevoll zu mir war und weil sie Nauman viele Geschenke machte (als Erstes eine Playstation), sondern auch weil ich in dieser Zeit unter den Schutz von Smileagain gestellt wurde. Ursprünglich hatte sich das Kosmetikunternehmen verpflichtet, für die Kosten meiner Behandlung aufzukommen, aber nachdem der von ihnen eingeschaltete Chirurg – der Erste, der mich untersucht hatte – sich dazu nicht in der Lage gesehen hatte, war ich immer von Professor Cervelli behandelt worden, und die Kosten der medizinischen Behandlung gingen immer zu Lasten des italienischen Gesundheitswesens. Und dank der Stadt Rom lebte ich nun in einem Haus zusammen mit anderen jungen Frauen, die mir bei den vielen Schwierigkeiten helfen konnten, die ein fremdes, krankes Mädchen plagen, wenn es die Sprache nicht beherrscht und keine Ahnung von der italienischen Bürokratie hat.

Aber vor allem gab es Smileagain. Das bedeutete nicht nur, jederzeit auf praktischen Beistand zurückgreifen zu können, sondern gab mir auch das Gefühl, beschützt zu sein und nicht mehr allein auf mich gestellt, um mit Nauman die Probleme unseres Lebens zu bewältigen.

Als ich wieder zu der Richterin gehen sollte, wollte Clarice, dass mich eine Anwältin begleitete, Maria Laura Rossi, die sie bei einem wichtigen Prozess vertreten hatte. Die Dame in Rot kam zusammen mit einer Sozialarbeiterin, die auch ihre Freundin war. »Die Anwesenheit eines Anwalts ist nicht notwendig«, sagte die Richterin, aber Maria Luisa bestand darauf, mir zur Seite zu stehen, und blieb da.

»Unser Vorschlag ist ein nichtamtliches Schriftstück, um das Verhältnis von Fakhra zu dem Kind zu regeln«, sagten die Dame in Rot und die Sozialarbeiterin.

Diese Worte begannen mich schon wieder zu verwirren, aber zum Glück antwortete Maria Laura an meiner Statt: »Moment, das ist nicht im Einklang mit dem üblichen Vorgehen. Hier wird versucht, ein Pflegschaftsverhältnis unter Umgehung jeglicher Regeln festzuschreiben.«

»Aber nein, die Dame hat doch nur den Wunsch, das Kind zu sehen, und das ist im Übrigen auch der Wunsch des Kindes. Und außerdem, Frau Richterin, bedenken Sie doch, was die Dame mit ihrem beträchtlichen Vermögen dem Jungen alles bieten kann, im Vergleich zur Mutter, deren Lebenssituation prekär ist. In wirtschaftlicher Unsicherheit zu leben, ist für ein Kind sehr schmerzhaft!«

Wieder war es Maria Luisa, die antwortete, wie zuvor an die Richterin gewandt: »Die Dame hat Recht: Es hat eine destabilisierende Wirkung auf ein Kind, wenn es ständig zwischen einem Leben in Luxus und Verschwendung und dem bescheidenen Leben, das seine Mutter führt, hin und her wechseln muss. Genau aus diesem Grund lautet unser Antrag, dass es dauerhaft bei der Mutter bleibt.«

»Dann soll festgelegt werden, dass er mit der Dame die Ferienzeit verbringt. Hier, wir haben ein Schriftstück vorbereitet …«

Sie drückten mir ein Blatt Papier in die Hand, in dem stand, dass Nauman mit der Dame in Rot die Sommerferien, die Weihnachtsferien und die Osterferien verbringen sollte, alle Wochenenden und einige Wochentage obendrein. »Du bist doch einverstanden, Fakhra, nicht wahr, du bist einverstanden? Gut, es reicht, wenn du einfach hier unterschreibst. Nun unterschreib schon, Fakhra, ja?«

Die Richterin sah unschlüssig drein. »Ist das psychiatrische Gutachten vom ›Bambino Gesù‹ denn nun schon da oder nicht?« Jemand wurde geschickt, um es zu suchen, und kam kurz darauf mit einer Akte zurück. Die Richterin begann zu lesen. Das dauerte etwa zehn Minuten. Endlich hob sie den Kopf und sagte: »Hier steht, dass Fakhra eine vorbildliche Mutter ist.« Ich wusste nicht, was das Wort hieß, »vorbildliche«, und Maria Luisa musste es mir erklären. Es freute mich zu erfahren, dass das Ergebnis dieses dreimonatigen Hin und Hers das Mutti-Diplom mit Auszeichnung war.

Die Richterin ordnete an, dass Nauman die Dame in Rot sehen durfte, wann immer er Lust hatte, wenn es sich mit seinen Schulaufgaben vereinbaren ließ und wenn ich damit einverstanden war. »So, wie es zwischen befreundeten Menschen üblich ist, ohne schriftliche Vereinbarungen«, schloss sie. Und so geschah es.

Ich hatte immer noch Angst, weil die Dame mir früher einmal gesagt hatte: »Wir nehmen dir deinen Sohn weg und stecken ihn in ein Kinderheim«. Aber Maria Laura beruhigte mich: »Kein italienischer Richter kann dir jemals deinen Sohn wegnehmen, schließlich bist du eine *vorbildliche* Mutter: Du hast sogar ein Zertifikat!«

Das Leben in Rom

Ein wenig vermisse ich Karachi schon: die ewige Partystimmung, in der ich dort lebte; von Haus zu Haus zu ziehen und zu feiern bis zum Morgengrauen; dieses Gefühl, dass jeder Abend anders ist als der vorige, jeden Tag ein neues Kleid zu haben, es reichte ja, um vier Uhr nachmittags zum Schneider zu gehen, und abends um neun bekamst du ein fertiges Kleid und fühltest dich schöner als am Tag zuvor, jedenfalls ganz anders: All das fehlt mir, das stimmt. Aber in meinem neuen Leben in Rom, bei dem ein Tag dem anderen gleicht, vergesse ich niemals, was ich damit gewonnen habe.

Ich vermisse meine Mutter und meine Schwester, gerne würde ich ein paar Leute wiedersehen, aber ich will um keinen Preis wieder in Pakistan leben, manchmal denke ich sogar: »Wäre ich doch als Italienerin zur Welt gekommen.«

Heute erkenne ich auch die negativen Aspekte der Napier Road, und es gefällt mir gar nicht, dass meine Schwester weiterhin dieses Leben führt: Abendessen um Mitternacht, bei Morgengrauen oder noch später ins Bett, die Tochter in der Obhut einer Babysitterin, die sie zur Schule bringt, Aufstehen um vier Uhr nachmittags. Und den Rest des Tages beschäftigt man sich mit Kleidern,

Schmuck, Picknicks, Fernsehen. Und streitet mit Mama und zieht über den Rest der Welt her.

In Rom verbringe ich meine Tage zufrieden und glücklich, es sind die Tage einer ganz normalen römischen Mama: Morgens bringe ich meinen Sohn zur Schule, hole ihn um vier Uhr wieder ab, gehe mit ihm im Park spazieren, gieße die Blumen auf dem Balkon, gehe einkaufen und koche pakistanisches Essen, manchmal gehe ich nachmittags ins Kino, manchmal treffe ich mich abends mit Freunden. An Naumans letztem Geburtstag ist ein kleines vierbeiniges Wesen in unser Leben getreten, ein Hündchen, das kleiner ist als eine Katze, aber sich für einen Löwen hält und rund um die Uhr mit uns spielen will. Er heißt Rudi und ist eine entzückende kleine Nervensäge. Ich lebe mit Nauman in einem Apartment im Haus der Menschenrechte, das uns die Stadt Rom zur Verfügung gestellt hat. In meinem Zimmer steht ein großes Bett, in dem bis vor kurzem auch Nauman geschlafen hat (heute hat er ein Schlafsofa für sich alleine), ein Schreibtisch voller DVDs mit indischen und pakistanischen Filmen, ein kleiner Kühlschrank und ein großer Kleiderschrank. Im Haus der Menschenrechte gibt es noch ein Zimmer für säureverätzte Mädchen, einen schönen Wohnraum und dann noch Waschräume. Ich treffe mich immer noch häufig mit den Menschen, die mir in diesen Jahren ihre Zuneigung bewiesen haben: Meistens lernte ich sie zufällig kennen, aber irgendwann wurden sie Teil meines Lebens. Zum Beispiel Carla. Carla ist eine Freundin von Clarice, die eines Tages, als mich niemand zu einem Termin bei Professor Cervelli bringen konnte, sich erboten hat, mich zu ihm zu fahren. An diesem Tag war ich besonders niedergeschlagen, ich wusste überhaupt nicht mehr, welche Richtung mein Leben nehmen sollte. »Ich habe keine Zukunft«, sagte ich. Sie widersprach: »Was soll denn das heißen? Vor dir liegen noch so viele wichtige Dinge, die du tun musst, und nicht nur für deinen Sohn. Du musst lesen und schreiben lernen: Nur so wirst du eines Tages das aufschreiben können, was man dir angetan hat und was außer dir noch vielen anderen verätzten Mädchen geschieht, und damit wirst du ihnen helfen können, zu überleben. Vielleicht wirst du ja sogar berühmt, und ich kann dann ganz stolz sagen, dass ich deine Freundin bin!«

Ich habe versucht, ein wenig Pakistan in meine Wohnung hineinzutragen: Unsere sonnigen Farben für die Tagesdecken und viele, viele Fotos an den Wänden. Fotos von meiner Mutter, als sie noch jung war, von meiner Schwester, von ihrer Tochter Alisa, von mir beim Tanzen oder mit dem neugeborenen Nauman im Arm: Menschen, die ich lieb habe, längst vergangene Zeiten, verlorene Augenblicke. Wenn ich die Augen schließe, überfällt mich meine ganze Vergangenheit. Menschen und bestimmte Momente. Glückliche Momente, die schmerzen, wenn ich an sie denke, weil heute alles anders ist und nichts mehr so sein wird wie zuvor.

Wie jener Tag aus meiner Kindheit, als uns jemand fotografieren kam, uns drei Geschwister und einen kleinen Cousin, den Tina auf dem Arm hat. Wir sind alle sehr mager und ein bisschen staubig: Kinder, die noch vom Spielen erhitzt sind, die für einen Moment für den Fotografen stillhalten, damit eine Erinnerung an sie bleibt. Und dieses Kind heißt Ciani. Er war der Sohn einer Tänzerin, er hatte zwei Brüder, und es ging ihnen gut, das heißt, sie hatten ein Bett zum Schlafen und genügend zu essen. Dann hatte ihre Mutter einen neuen Freund und bekam noch fünf weitere Söhne: Immer in der Hoffnung, ein Mädchen zur Welt zu bringen, aus der sie eine Tänzerin machen konnte. In Pakistan gelten Söhne immer noch als ein hohes Gut, aber in der Welt des Tanzes kann einzig und allein die Tochter den Lebensunterhalt der ganzen Familie sicherstellen. Ciani und seine Brüder sind heute bitterarm. Er ist stark abgemagert, verdreckt und hat eine Krankheit, die vom Hunger kommt, und seine jüngeren Brüder, Kinder von sieben, acht Jahren, arbeiten für fünf Rupien am Tag, und der Freund meiner Tante gibt nur seinen eigenen Kindern zu essen. Das ist eine Tragödie, die ich nicht ertragen kann: Ich habe Kiran Geld geschickt, damit sie sich um Ciani kümmert. Jetzt wohnt er bei ihr und hilft deren Ehemann Puli, der heute in einem Billardsalon arbeitet.

Ich habe in meinem Zimmer auch ein Bild vom Heiligen Schweißtuch Jesu aufgehängt und eine Plakette aus Silber mit dem Namen Allahs: Ich hoffe, dass sie Nauman und mich immer beschützen werden.

Bevor Nasreen kam, wohnte für kurze Zeit ein russisches Mädchen hier, das in ihrem Land ziemlich mächtig war, weil es bei der Ölindustrie arbeitete, aber es musste fliehen. Dieses Mädchen telefonierte häufig mit einem Mann aus Pakistan, der in London wohnte. Eines Tages wollte sie, dass ich mit ihm spreche, und so habe ich die Bekanntschaft von Akbar Khan gemacht. Als ich auf ein paar Tage Urlaub nach London reiste, holte er mich mit einem großen Blumenstrauß am Flughafen ab: Er hatte meine

Geschichte im Internet gelesen und wusste alles über mich. Ich war sehr eingeschüchtert und brachte fast kein Wort heraus: Seit Jahren war ich nicht mehr an der Seite eines Mannes durch die Straßen gegangen. Er hat den Touristenführer für mich gespielt, jeden Morgen holte er mich mit den leckersten Sachen zum Frühstück ab, und beim Abendessen brachte er mich zum Lachen, weil er ein witziger Mann ist. Er sieht auch sehr gut aus, hat in Russland und Deutschland studiert und arbeitet in einer Firma, die Gewürze importiert. Als ich wieder in Rom war, hat er mir am Telefon gesagt: »*I love you.*« Ich habe erwidert, dass ich nicht glaube, dass jemand ein Mädchen lieben kann, wie ich es heute bin, und er hat geantwortet, dass manche Leute nur die äußere Schönheit sehen, aber manche eben die innere. Aber ich will nicht recht glauben, dass daraus Liebe entstehen kann.

Bilal hat wieder geheiratet. Die Tochter des Gouverneurs von Kaschmir. Er selbst hat mir gesagt, dass er wieder heiraten würde: »Es muss sein, wegen meiner Kinder«, sagte er. Ein andermal erklärte er, er täte es, um endlich den Erwartungen seines Vaters zu entsprechen. Und er fügte jedesmal hinzu, dass er mich immer noch liebte. Das machte mich bloß wütend. Dann sagte mir an einem Abend im Juli nach einem Telefonat, das länger gedauert hatte als sonst: »Hör zu, Patò, ich bitte dich.« Patò, der Kosename, den er zu unseren glücklichsten Zeiten gebraucht hatte. Ich hatte einen Moment der Schwäche und bin in Tränen ausgebrochen. Und er weinte mit mir.

Ich habe den ganzen restlichen Abend geweint. Über mein verbranntes Leben, über die verlorene Liebe, die niemals wiederkehren wird. Über die Tage in Merin, wohin Bilal auch mit seiner neuen Frau in die Flitterwochen gefahren ist, wie man mir erzählt hat, und dort genau das Zimmer belegt hat, in dem auch wir gewohnt haben. Nach jenem Abend habe ich den Klingelton an meinem Handy ausgestellt. Manchmal bekomme ich noch eine SMS von ihm: »Ruf mich an, es ist wichtig. Ich liebe dich.« Ich rufe nicht zurück.

Clarice war in Pakistan, um sich um Depilex-Smileagain zu kümmern, das sich rasant weiter entwickelt. Die Idee, medizinische Versorgung für Säureopfer in unser Land zu bringen, kam eines Abends Tehmina in den Sinn, und sie machte Clarice und Masarat miteinander bekannt. Heute gibt es Frauen, die aus Indien kommen wollen, um sich in Pakistan operieren zu lassen.

Das Fatma Hospital, eine private Institution in Lahore, die eine Klinik und eine Universität beherbergt, hat beschlossen, das Projekt Depilex-Smileagain zu unterstützen, und bietet Bedürftigen eine größtenteils kostenlose Unterbringung an. Alle anderen Ausgaben, von den Medikamenten bis hin zur Anreise der verätzten Frauen von ihren Heimatorten nach Lahore, werden von Depilex-Smileagain getragen, und ein kleines Team von Chirurgen – drei Italiener, Francesco Bellezza, Roberto Dell'Avanzato und Giuseppe Lo Sasso, sowie ein Pakistani, Abrar Pirzada – arbeitet umsonst.

Auf der Warteliste für Operationen stehen die Namen von mehr als hundert Frauen, die in den vierzehn Zentren von Depilex-Smileagain eine erste ärztliche Untersuchung erhalten haben. Und häufig stehen schon in diesen Zentren die Leute Schlange und wollen behandelt werden. Es heißt, dass pro Jahr um die fünfhundert Frauen mit Säure verätzt werden: Aber vielleicht ist das eine zu niedrig geschätzte Zahl, weil man weiß, dass nicht alle Angriffe zur Anzeige gebracht werden, vor allem, wenn sie innerhalb der Familie stattfinden. Aber jedes Mal, wenn die italienischen Chirurgen eintreffen, bringen Zeitungen, Radiosender und das Fernsehen das Thema groß heraus: Die Journalisten kämpfen gegen das Schweigen an, das die Tradition über diese entsetzliche Form der Gewalt bewahren möchte. Aber unter den Frauen, die zu Säureopfern geworden sind, zirkuliert über diese Art der Mundpropaganda eine Botschaft der Hoffnung: Es gibt ein Leben nach dem Säureanschlag.

Unter den kleinen Geschenken, die Clarice mir aus Lahore mitbrachte, war auch eine Nachricht von Shan, einem sehr prominenten und schönen Schauspieler, eine Art pakistanischer Brad Pitt, den ich in Karachi öfters traf und mit dem ich gerne *tambòla* spielte. Eilig hatte er auf ein Blatt Papier, das aus einem Notizbuch gerissen war, die Zeilen gekritzelt: »*To Fakhra: Beauty will always be inside.*« Für Fakhra: Die wahre Schönheit liegt innen.

Manchmal können auch nur ganz wenige Worte Balsam für die Seele sein.

Operationen

Heute ist Fakhra ein chirurgischer Problemfall, bei ihrer Ankunft in Italien dagegen war sie eine schier unlösbare Aufgabe«, sagt Valerio Cervelli, Professor für Plastische Chirurgie an der Tor-Vergata-Universität in Rom. Er ist der Arzt, der die bisherigen Operationen durchgeführt hat, die es ihr erlauben, wieder den Kopf zu heben, Mund und Augen zu öffnen und wieder eine Nase zu haben.

Im Jahr 2001 bekam sie ein erster Chirurg bei ihrer Ankunft in Rom zu Gesicht, aber er lehnte die Verantwortung ab, ihr ein menschliches Antlitz zurückzugeben. Als man Cervelli Fotos von ihr zeigte, sagte der junge Mann aus den Abruzzen (er war damals siebenunddreißig), der bereits Professor in Rom war, nur: »In Ordnung, sofort nach den Sommerferien.«

Noch im Hospital in Karachi wurden bei Fakhra bereits zwei Eingriffe vorgenommen: eine Hauttransplantation von den Beinen ins Gesicht und eine teilweise Öffnung des Mundes, den die alles zerfressende Säure ihr zusammengeklebt hatte. »Säure hat eine schlimmere Wirkung als Feuer«, erklärt Professor Cervelli, »Feuer richtet nur Schaden an, solange die Flammen nicht gelöscht sind, während die Korrosionswirkung der Säure noch einige Zeit anhält, nachdem sie mit dem Gewebe in Berührung kam.«

Im Sommer 2001 waren Fakhras Probleme vor allem funktionaler Natur: Ein Auge war völlig verschlossen, das andere zur Hälfte, von der Nase waren nur zwei kleine Löcher übrig, ein Ohr war ganz weggefressen, Unterlippe und Kinn waren mit dem Brustkorb verwachsen. »Das Hauptproblem war, sie für die Anästhesie zu intubieren«, erklärte Valerio Cervelli, »weil die von der Verätzung hervorgerufenen ›Faserstränge‹ sie sowohl daran hinderten, den Hals hochzuziehen, als auch einigermaßen den Mund zu öffnen: Ebenso war es in Fakhras Fall nicht möglich, einen Luftröhrenschnitt zu machen. Es war sogar schwierig, eine Vene bei ihr zu finden – an den Händen, am Rumpf, an den Beinen –, um eine Nadel zu setzen. Der Anästhesist hat großes Können bewiesen, als es ihm endlich gelang, sie für den ersten Eingriff zu betäuben. So konnten wir schließlich Gewebe aus der Leistengegend entnehmen und am Hals einsetzen.«

Zu jener Zeit atmete Fakhra durch den Mund, weil sie ihn nicht schließen konnte (und sie konnte nicht durch die Nase atmen), verlor ständig Speichel und konnte fast nicht sprechen. Sie war seit zwei Monaten in Italien und verstand nichts von dem, was man ihr sagte. Zwei Worte hatte sie allerdings gelernt: »*male*« (um zu zeigen, dass sie Schmerzen hatte) und »*acqua*« (Wasser). Das waren ihre SOS-Signale, die beiden einzigen, mikroskopisch kleinen Haltegriffe, an denen sie sich durch den Tunnel des langen Krankenhausaufenthalts hangeln konnte – eben das, was Mediziner euphemistisch einen »schwierigen Eingriff« nennen. Natürlich war nicht immer ein »Kulturvermittler« zugegen, der heute in den Krankenhäusern und den öffentlichen Einrichtungen im Allgemeinen als Übersetzer zwischen fremden Sprachen und Kulturen wirkt.

»Es waren jedoch zwei Eingriffe nötig, um die vollständige Dehnung des Halses zu ermöglichen. Fakhra war damals komplett verzagt: Erst später hat sie ihren Dickkopf wiedererlangt«, erzählt Cervelli, der heute in Fakhra eine widerspenstige Patientin hat, die sich nicht die von ihm verschriebenen Salben aufs Gesicht aufträgt, keine Physiotherapie machen will, immer noch raucht und sehr scharf gewürzte Speisen isst und die Vorschriften und Verbote des Chirurgen nicht einhält (den sie mit Du anredet und »Cervelli« nennt, ohne den akademischen Titel zu benutzen, in den sie jedoch unbegrenztes Vertrauen hat). »Vielleicht war es gerade ihr unbeugsames und energisches Temperament, weshalb sie die Tragödie, die sie durchgemacht hat, überhaupt überleben konnte«, sagt er nachdenklich.

Fakhras erstes Jahr in Italien bestand abgesehen von kurzen Zwischenphasen fast nur aus Klinikaufenthalten. Sofort nach der Operation, die ihr das Heben des Kopfes ermöglichte, kam Cervelli zu der Überzeugung, dass die dringendsten Eingriffe nun Augen und Nase betrafen. Fakhra konnte nur den äußeren Teil der Augen öffnen, innen war die Haut durch die Säure zerfressen, und die Oberlider waren verschwunden, ebenso die Augenbrauen. In der ersten Zeit ihres Aufenthalts in Italien konnte sie nur Hell-Dunkel-Veränderungen wahrnehmen: Ein erster Eingriff gab ihr zumindest ein Auge zurück, das zweite blieb geschlossen und wurde von einem Verband geschützt.

»Stammzellenforschung und Biotechnologie«, erklärt Professor Cervelli, »hatten in Fakhras Fall bisher keine klinische Auswirkung.« Mit anderen Worten, sie stecken noch in der Pionierphase und werden in der alltäglichen klinischen Praxis noch nicht eingesetzt, »auch wenn sie Anlass zu großen Hoffnungen geben. Das Problem bei Fakhra ist nicht nur, die verätzte Haut zu ersetzen, sondern ihr das subkutane Gewebe wiederzugeben, das von der Säure verzehrt worden ist.«

Wenn Fakhra auf dem Operationstisch liegt, arbeiten um sie herum mindestens sechs Personen, das heißt zwei oder drei Chirurgenteams. So tollkühn diese Operationen dem Laien auch vorkommen mögen – Professor Cervelli macht immer wieder deutlich, dass er an Fakhra nie waghalsige Eingriffe vorgenommen, noch irgendwelche neuen Techniken an ihr ausprobiert hat. »In einer sowieso schon riskanten Situation wären Komplikationen verheerend. Und sie darf keinesfalls noch mehr leiden, als sie ohnehin schon gelitten hat. Bei Fakhra darf man sich keinen Fehler erlauben.«

Nach Hals und Mund kamen das Auge, mit dem sie nichts mehr sehen konnte, die Nase und das Ohr an die Reihe.

Fakhra schreckte vor der Vorstellung einer Hornhauttransplantation zurück, sie hätte sie lieber hinausgezögert. Auch deshalb, weil dabei mit lokaler Betäubung operiert wird und sie lieber eine Vollnarkose gehabt hätte. »Hier musste ich mich durchsetzen«, berichtet Cervelli, »aber schließlich stimmte sie zu, als ich ihr klar machte, dass sie riskierte, das Sehvermögen dieses Auges ganz zu verlieren: Der jetzige Zustand, bei dem sie das Auge nicht benutzte, durfte nicht mehr lange beibehalten werden, weil die Natur das Auge, das nicht beansprucht wird, einfach vernichtet. Seit dem Säureangriff waren drei Jahre vergangen, und nach zwei weiteren Jahren hätte das Gehirn den Impuls des Sehnervs nicht mehr empfangen können.«

Die Nase wurde bis heute bei drei verschiedenen Eingriffen rekonstruiert. Der erste ermöglichte es, die Ausscheidung von Schleim zu stoppen und eine neue Nase aufzubauen, die noch klein und unfertig war, wozu teilweise Gewebe von ihrem gesunden Ohr verwendet wurde, teilweise künstliche Implantate, um die Spitze zu formen. Im zweiten Schritt wurde mit einem Schnitt ein wie ein Horn geformter, so genannter »Skin Expander« eingesetzt, der genau nach Fakhras Maßen in Deutschland angefertigt worden war. Dieser »Skin Expander« ist eine Art Beutelchen aus Weichplastik, das unter die Haut eingepflanzt und regelmäßig mit Wasser aufgepumpt wird (dem Cervelli vorsichtshalber ein Antibiotikum beimengt) und das, wenn es wenigstens ein paar Wochen dort verbleibt, reichlich Hautgewebe produziert. In diesem Fall diente die »neue« Haut dazu, das Weichgewebe der Nase wieder aufzubauen. Bei demselben Eingriff wurde durch einen Schnitt am Rand des Ohrs ein weiterer Expander eingesetzt, um die Fläche gesunder Haut zu vergrößern, die ihr seitlich am Hals verblieben ist und die in Zukunft helfen wird, ihr Kinn zu rekonstruieren. Sobald alle Narbenstränge am Hals entfernt sind, soll nämlich eine vorgeformte Prothese von der Mundhöhle aus eingepflanzt werden, um das zerstörte Kinn neu zu formen.

Vor diesem zweiten Eingriff an der Nase wurde Fakhra ein bionisches Ohr angenäht. »Das war eine besonders gelungene Operation«, berichtet Professor Cervelli, »weil ihr auch nach der Verbrennung noch das kleine, dreieckige Knorpelgebilde vorne an der Ohrmuschel erhalten geblieben war. Die weiche Silikonprothese haftete perfekt an der Haut, weil dieser Knorpel ihren vorderen Rand genau abdeckte. Das neue Ohr wurde ihr mit Hilfe von extraoraler osteointegrierter Implantologie eingesetzt, also mit ähnlichen Implantaten, wie sie für die Zähne verwendet werden, aber viel kürzer und mit breiterem Ansatz, weil sie auf der flachen Oberfläche des Schädelknochens ansetzen müssen. Es handelte sich hierbei um eine innovative Technik – bei Fakhra konnte man die traditionelle nicht einsetzen, weil sie nicht mehr genügend gesundes Hautgewebe rund um die Verletzung hatte. Doch diese Technik wird nach meiner Auffassung in Zukunft immer öfter an die Stelle des bislang eingesetzten Verfahrens treten, das mit Rippenknorpeln arbeitet.«

Rippenknorpel wurde dagegen verwendet, um die Rekonstruktion der Nase zu vervollständigen. Ein erster Eingriff dieser Art wurde im September 2004 durchgeführt und ein Teil des entnommenen Knorpelgewebes als subkutaner »Vorrat« an der Hüfte angelegt, der leicht zugänglich ist, wenn die Rekonstruktion der Nase vollendet werden kann. Das wird so weit sein, wenn genügend Einfassungsmaterial (sprich Hautgewebe) vorhanden ist, um den Inhalt (sprich Knorpelgewebe) zu umschließen.

Beim Eingriff im Dezember 2004 setzte Professor Cervelli die Rekonstruktionsarbeit an der Nase und am Hals fort. An der Nase wurde unter Verwendung des »Knorpelvorrats« der Nasensteg wieder aufgebaut, die untere, zentrale Nasenpartie also. Beim Hals war diesmal die rechte Seite betroffen. Wie bereits an der linken Halspartie wurden hier ebenfalls Skin Expander eingesetzt, die eine glatte Haut produzieren sollen.

Eine solche Salamitaktik – erklärt Cervelli – hat sich bei Fakhra als notwendig herausgestellt, weil man aufgrund ihrer Abneigung gegen Lokalanästhesie jedesmal zu einer Vollnarkose gezwungen ist, weshalb zwischen zwei Operationen immer etwa zwei Monate liegen müssen.

In Zukunft werden die Eingriffe kürzer sein und, wenn Fakhra zustimmt, auch häufiger. Cervelli spricht von ihr als einem »Unternehmen im Aufbau«, in dem nichts als gegeben angesehen werden kann, ohne den menschlichen Faktor in Betracht zu ziehen. Wenn irgendwann einmal die Funktionen und die Harmonie des Gesichts wiederhergestellt sind (und dafür war auch die Wiederherstellung der Augenbrauen nicht unwichtig, die mit Hilfe einer Tätowierung nachgezeichnet wurden), werden viele weitere Verbesserungen folgen können. »Wie dringlich diese sind, wird rein psychologisch motiviert sein«, sagt Professor Cervelli, »und auch von äußeren Ereignissen abhängen. Und wir werden wahrscheinlich auch mit Stammzellen arbeiten, einem Element, das heute noch in der Entwicklungsphase ist.«

Nachwort

von Tehmina Durrani

Als Fakhra Younas ihren Ehemann Bilal verlassen hat, den Sohn meines Exmannes, setzte er eine Drohung in die Tat um, die viele Male auch von seinem Vater gegen mich ausgesprochen worden war. Diese Worte, die seit langem in Vergessenheit geraten waren, kamen mir auf einen Schlag erneut zu Bewusstsein und holten all die hinter mir liegenden Zeiten und Räume ein, als ich das Mädchen ohne Gesicht an der Schwelle meines Hauses erblickte. »Ich hätte an ihrer Stelle sein können«, dachte ich erschüttert.

Was kann ich nun sagen über die Rolle, die wir in Fakhras Leben gespielt haben, wenn ihre Rolle in unserem Leben darin besteht, uns zur Demut anzuhalten?

Es war Fakhra, die uns bewusst machte, das solange sie lebte und atmete, Gott selbst vor uns stand und nicht eine verbrannte und verstümmelte Kreatur.

Es war sie, die uns zeigte, dass die Gegenwart Gottes nicht in einer Moschee, einer Kirche oder einer Synagoge lebt oder in den schönsten seiner Geschöpfe, sondern in den ausgestoßensten und erbärmlichsten unter Seinem Volk.

Es war sie, die uns begreifen ließ, dass die Angst vor

einem Mann, vor einer Pistole, vor einem Säureangriff oder vor einer Regierung, die gegen den Willen Gottes handelt, auch kein Ausweg ist.

Es war sie, die uns die Botschaft brachte, dass Gottes Einzigartigkeit in der Forderung liegt, dass alle Menschenwesen grundsätzlich und bedingungslos für alle anderen Menschenwesen mit verantwortlich sind.

Es war sie, die uns spüren ließ, dass das Herz einer Mutter keiner anderen Mutter Sohn den Schutz verweigern kann.

Es war sie, die unsere Seelen gerettet hat, während wir nur ihre körperliche Hülle gerettet haben. Einmal dankte sie meinem Sohn Alì für seinen Beistand, und er antwortete ganz richtig: »Fakhra, ich bitte dich, beschäme mich nie wieder, indem du einem von uns dankst. Wir sind es, die dir danken müssen, dass du uns die Möglichkeit gegeben hast, dir dienen zu dürfen.«

Weil sie es ist, die uns Gottes Werk gebracht hat.

Weil wir weitaus mehr in Fakhras Schuld stehen, als sie sich jemals in unserer Schuld fühlen können wird, und ich ergreife diese Gelegenheit, um in meinem und meiner Söhne und Töchter Namen zu sagen:

Danke, Fakhra, dass du in unser Haus gekommen bist.

Noch in deiner dunkelsten Stunde hast du uns das Licht gebracht.

Du hast uns die Reinheit gebracht, auch wenn die Gesellschaft dich verteufelt hat und du öffentlich gemieden wurdest.

Du hast uns das kostbare Gut der Erleuchtung gebracht, auch wenn du glaubtest, dass du uns nichts zu geben hattest.

Du hast uns göttlichen Schutz gebracht, auch wenn du glaubtest, dass wir wegen deiner Feinde in Gefahr wären.

Du hast die Schönheit unserer Herzen ans Licht gebracht, auch wenn du dich wegen deines Äußeren verbargst.

Du hast unsere Seelen gerettet, während es so schien, als wären wir es, die dich retteten.

Kein Zweifel, hätte Fakhra vor dem Propheten Mohammed (Friede sei mit ihm) gestanden, wäre sie das letzte Säureopfer der ganzen islamischen Welt gewesen.

Und ich danke der Regierung und dem italienischen Volk, dass sie uns, dem islamischen Volk, durch christliches Handeln die wahre Bedeutung des Islam in Erinnerung gerufen haben.

Und weil kein anderes Land auf der Welt eine so starke Hand ausgestreckt hat, um einem muslimischen Säureopfer Anteilnahme und Bestand zu leisten, glaube ich, dass dies aus dem eingeborenen Gedächtnis Jesu Christi (Friede sei mit ihm) kommt, seiner Güte gegenüber den Aussätzigen, seiner heilbringenden Berührung, die noch heute im italienischen Geist widerstrahlt. Die Säureopfer sind die Aussätzigen von heute, und Italien hat ihnen seine Hand entgegengestreckt, wie Jesus Christus selbst (Friede sei mit ihm) getan hätte.

Zu einer Zeit, da der Wert des menschlichen Lebens auf null abgesunken ist, ist Fakhras Rettung das Symbol für den unantastbaren Wert, den alle Religionen dem menschlichen Leben beimessen.

Fakhras Dank
(nach ihrem Diktat)

Ich danke:

Tehmina Durrani und ihren Kindern. Sie ist eine sehr starke und einfühlsame Frau, und dass ich heute hier bin, schulde ich ihr, und ihr zu danken ist zu wenig. Sie hat mir eine neue Chance gegeben. Ich habe großen Respekt vor ihr und ihren Kindern, die wie Geschwister für mich sind, sie haben mir geholfen, als wäre ich ihre Schwester, und in Pakistan ist es nicht leicht, einer Tänzerin zu helfen. Aber sie haben mich bei der Hand genommen und gingen mit mir beim hellen Licht des Tages.

Dem Personal in Tehminas Haus. Besonders danke ich diesen Menschen, die mir zur Seite gestanden sind, als wären sie meine Familie. Ich danke Hanna, Sina, Azurbach, Giura, Ehnet dem Fahrer und allen, deren Namen ich nicht mehr weiß.

Zermina Durrani. In den schwärzesten Momenten warst du immer bei mir, ich finde keine Worte, um dir zu danken, ich kann nur sagen: »Ich habe dich lieb«, und bete zu Gott, dass er jeden deiner Wünsche erfüllen möge.

Inamullah Nyasi. Von ganzem Herzen meinen Gruß und meinen Dank: Du hattest keine Angst, etwas aufs

Spiel zu setzen, als du mir halfst. Der Kuss einer Tochter an dich.

Doktor Saikhip, dem Arzt, der mich im Haus von Tehmina behandelt hat: weil du bei jeder Komplikation und zu jeder Tageszeit in meiner Nähe warst, ich werde das nicht vergessen. Eine feste Umarmung.

Von ganzem Herzen ein Gruß an meine Mutter. Verzeih mir, dass ich diese schwierigen und intimen Wahrheiten niedergeschrieben habe. Ich weiß, dass du eine Mutter bist, wie ich es bin, und deshalb weiß ich, dass du mir vergeben wirst. Danke, dass du mir das Leben geschenkt hast, danke, weil ich durch deine Leiden so viel gelernt habe.

Ich danke meiner Schwester Kiran, die für mich wie eine Tochter war, aber später war sie wie eine Mutter für mich. Ich habe sie sehr lieb, sie hat mir geholfen, als es mir sehr schlecht ging. Auch sie bitte ich um Vergebung, dass ich notgedrungen etwas von ihrer Geschichte offenbaren musste und dass ich ihr in der Vergangenheit Schmerz zugefügt habe.

Meinem Bruder, der letztes Jahr verstorben ist. Auch wenn er heute nicht mehr ist, ist es, als sei er immer in meiner Nähe. Ich küsse dich, Tina.

Ich danke Nauman, danke für die Hilfe, die du mir immer gegeben hast. Du bist ein einzigartiges Kind, du hast mich nie im Stich gelassen, welchen Weg ich auch einschlug: Ich hoffe, wenn du größer bist, wirst du beim Lesen dieses Buches verstehen, warum ich es geschrieben habe, und wirst stolz auf unsere Geschichte sein können. Mit diesem Buch will ich dir etwas schenken, was mir sehr viel bedeutet: die Wahrheit und mich selbst. Als du nach deiner Drüsenoperation solche Schmerzen hattest, verspürte ich in mir, als ich dich leiden sah, eine so große, so unbeschreiblich starke Liebe, mein Schatz, und ich begriff in diesem Augenblick, dass ich eine Mutter bin. Danke, mein Sohn, dass du mich noch einmal all die Liebe entdecken ließest, die ich für dich empfinde. In Liebe, deine Mutter.

Ich danke Masarat Misbah, der Präsidentin von Depilex-Smileagain in Pakistan: eine sehr starke und mitfühlende Frau. Ich bin glücklich, dass sie meinem Land hilft und weiter auf diesem Weg geht.

Ich danke Nasreen. Bevor sie mir nachfolgte, wusste ich nicht, dass es in meinem Land noch andere Säureopfer gab. Dann lernte ich Maphara und Nasreen kennen. Nasreen ist ein sympathisches und fröhliches blindes Mädchen. Sie hat mir sehr geholfen und sie hat auch Nauman geholfen. Danke, Nasreen, danke, Maphara, dass ihr mir Lebensmut gegeben habt.

Ich danke den pakistanischen Ärzten, die mir geholfen haben, ich schicke euch einen Kuss, bitte verzeiht, dass ich eure Namen nicht mehr weiß.

Ich danke den pakistanischen Journalisten, die mir geholfen haben, das pakistanische Visum zu bekommen. Ich weiß eure Namen nicht mehr, aber ihr seid immer in meinem Herzen.

Ich danke Valerio Cervelli, dem ich nichts erklären muss, weil er mit einem einzigen Blick direkt in mein Herz dringt. Du bist ein ganz besonderer Mensch, und durch dich habe ich die Männer wieder zu schätzen gelernt. Ein Kuss an dich und an deine Familie.

Ich danke dem neuen Team von Professor Cervelli. Sie

alle haben mich mit besonderer menschlicher Wärme behandelt und mir das Gefühl gegeben, nicht bloß eine Patientin zu sein, sondern eher eine Freundin. Wenn ich mich operieren lassen muss, bin ich ganz ruhig, weil ich weiß, dass ich in guten Händen bin, aber ich weiß auch, dass ich Glück habe, weil ein solches Team zu haben nicht alltäglich ist.

Ich danke Doktor Garzioni und dem medizinischen Personal der augenärztlichen Abteilung des Krankenhauses Saint-Charles in Nancy.

Ich danke Laura Boldrini, der italienischen Sprecherin des UN-Kommissariats für Flüchtlingsfragen, die mir liebevoll zur Seite steht, damit meine Rechte als Person und als Flüchtling respektiert werden.

Ich danke Giorgio Fantani, der mir und meinem Sohn eine große Hilfe war, ich werde es nie vergessen. Ich danke auch seinem Sohn Lorenzo.

Ich danke dem jetzigen Team des internationalen Hauses für die Menschenrechte der Frauen. Auch wenn es manchmal Diskussionen gibt, spüre ich, dass zwischen uns Vertrauen und große Zuneigung besteht, die wir nicht immer zeigen.

Ich danke Carla: Jedes Mal, wenn ich sie sehe, und in welcher Weise auch immer, spüre ich immer ihre Zuneigung … Ich umarme ihre Töchter Eleonora und Veronica und ihren Mann Furio Focolari.

Ich danke Soraide. Danke, dass du Smileagain geholfen hast, auch wenn du ein Schmetterling bist, der immer wieder verschwindet. Danke dir, und ein Kuss an deinen Sohn.

Ich danke Maria Teresa von Smileagain, einer sehr

schüchternen, sanften und sensiblen Frau, die immer bereit ist, für mich zu vermitteln (Grüße auch an deinen Mann, »Piazza Vittorio«).

Ich danke Teresa Nannarone, der Referentin für Sozialpolitik der Provinz von L'Aquila, und Paola Fiorino di Sulmona, die immer für mich und Nauman da sind. Zwei sehr mitfühlende Frauen, die sowohl mir als auch Nauman geholfen haben.

Ich danke Nella und Angelo. Ich habe sie im Krankenhaus kennengelernt, wo ihre Tochter Tania behandelt wurde. Sie haben mir sehr geholfen, und ich nenne Nella und Angelo »Mama und Papa«.

Naumans italienischen »Großeltern«, Rita und Giovanni, die Nauman wirklich wie Oma und Opa sind und ihm zu einem großen Teil die Zuneigung ersetzen, die ihm meine ursprüngliche Familie nur von weit her geben kann.

Ich danke Luigi Albisinni, einem Freund, der mir immer im Stillen geholfen hat, ohne jemals groß darüber zu reden, wie sehr er mir hilft.

Ich danke Francesco Bellezza, der für mich nicht nur ein Arzt ist, sondern ein enger Freund, weil er mir und meinem Land mit ganzem Herzen und ganzer Seele hilft, und das ist für mich nicht wenig. Ich danke Giuseppe Lo Sasso und Roberto Dell'Avanzato, zwei Ärzten, die immer wieder nach Pakistan fliegen, um mit mitfühlender Seele meinem Land zu helfen.

Ich danke Claudia, Luigina, Luciana, genannt Calabria, und ihrer Familie und allen, die ich vergessen habe und deren Namen ich nicht mehr weiß.

Ich danke Laura Rossi, meiner Freundin und Anwältin:

Sie ist mir immer nahe und hat meine Rechte als Mutter verteidigt.

Ich danke der Referentin der Stadt Rom, Marielle Gramaglia, für das Engagement, das sie gezeigt hat, indem sie Frauen mit den gleichen Schwierigkeiten wie ich eine Herberge gegeben hat.

Ich danke Roberta, der Mutter von Sofia und Daria, Naumans Freundinnen, die sich oft um meinen Sohn kümmern.

Ich danke Elena Doni, die mit ihrer Intelligenz und ihrer Einfühlsamkeit getreulich meine Geschichte, meine Schmerzen und meine Hoffnungen aufgeschrieben hat.

Ich danke Clarice Felli, der Präsidentin von Smileagain. Für mich ist Clarice keine Präsidentin, sondern eine große Schwester, zwischen ihr und mir gibt es keinen Spiegel, wenn Clarice mich anschaut, erfasst sie alles, was in mir ist. Nicht einmal meine Mutter hat diese grundlegende Tatsache jemals verstanden: Was ein Kind wirklich braucht. Ich fühle, dass ich für Clarice nicht nur ein Gast in Italien bin, eine Frau, die mit Säure verätzt wurde, zwischen uns ist etwas viel Tieferes. Clarice ist eine Frau, die mich respektiert. Sie sieht die Frau in mir. Ich fühle mich als ihre wahre Freundin. Wenn Clarice und ich uns unterhalten, sind wir frei. Manchmal gehen wir abends zusammen essen. Wir lachen viel und reden immer noch weiter, wenn wir im Auto sitzen, auch über ganz unwichtige Dinge, und rauchen die letzte Zigarette vor dem Zubettgehen. Wir teilen Freud und Leid miteinander. Jeden Preis, jede ehrenvolle Auszeichnung, die sie bekommt, schenkt Clarice mir und Nauman. Ich danke auch Anita und Paolo für all die tiefe Zuneigung für mich und meinen Sohn.

Ich bitte die Mitglieder von Smileagain um Verzeihung, die ich nicht erwähnt habe, weil ich nicht all ihre Namen auswendig weiß, ein großes Dankeschön.

Mein Leben endet nicht mit diesem Buch, ich werde aus dem internationalen Haus ausziehen, ich werde eine Wohnung ganz für mich finden, ich werde eine ordentliche Arbeit haben und endlich verantwortlich für mein Leben gemeinsam mit meinem Sohn sein. Ich lerne Italienisch. Ich werde wiederkehren, um euch eine neue Geschichte zu erzählen.

Dieses Buch wurde nicht für mich geschrieben, sondern für mein Land, ich brauche keine Publicity. Ich hoffe, dass sich in Pakistan etwas ändern wird, und ein bisschen ändert es sich schon. Ich glaube, dass alle Frauen die Bedeutung meiner Geschichte verstehen können.

Dieses Buch widme ich allen Frauen auf dieser Welt, die leiden müssen, und hoffe, dass es dazu beiträgt, dass so etwas nie wieder geschieht.